场景营销

THE CONTEXT MARKETING REVOLUTION

［美］马修·施维茨（Mathew Sweezey）◎著
王瑜玲 古嘉莹◎译

How to Motivate Buyers in the Age of Infinite Media

中信出版集团｜北京

图书在版编目（CIP）数据

场景营销 /（美）马修·施维茨著；王瑜玲，古嘉莹译 . -- 北京：中信出版社，2023.4（2024.1重印）

书名原文：The Context Marketing Revolution: How to Motivate Buyers in the Age of Infinite Media

ISBN 978-7-5217-5385-1

Ⅰ.①场… Ⅱ.①马… ②王… ③古… Ⅲ.①市场营销学 Ⅳ.① F713.50

中国国家版本馆 CIP 数据核字 (2023) 第 058643 号

Context Marketing Revolution by Matthew Sweezey
Original work copyright © 2019 Salesforce.com, Inc.
Published by arrangement with Harvard Business Review Press
Unauthorized duplication or distribution of this work constitutes copyright infringement
Simplified Chinese translation copyright © 2023 by CITIC Press Corporation
ALL RIGHTS RESERVED
本书仅限中国大陆地区销售发行

场景营销

著者：[美]马修·施维茨
译者：　王瑜玲　古嘉莹
出版发行：中信出版集团股份有限公司
（北京市朝阳区东三环北路 27 号嘉铭中心　邮编　100020）
承印者：　北京通州皇家印刷厂

开本：880mm×1230mm 1/32　印张：10.75　字数：196 千字
版次：2023 年 4 月第 1 版　印次：2024 年 1 月第 2 次印刷
京权图字：01-2022-3063　书号：ISBN 978-7-5217-5385-1
定价：69.00 元

版权所有·侵权必究
如有印刷、装订问题，本公司负责调换。
服务热线：400-600-8099
投稿邮箱：author@citicpub.com

谨以此书献给我深爱的父母

艾伦·布赖森和弗兰克·施维茨

目 录

前　言　为何说"场景为王"　　　　　　　　　　/ V

第一部分　无限媒体如何变革商业

第1章　场景营销革命的三大关键点　　　　　　/ 003
　　　　来自多项研究的一个重大发现　　　　　/ 006
　　　　有限让位于无限　　　　　　　　　　　/ 009
　　　　场景营销的三大关键　　　　　　　　　/ 011

第2章　新消费者，新消费者旅程　　　　　　　/ 029
　　　　新消费者超越了标签　　　　　　　　　/ 030
　　　　新消费者旅程　　　　　　　　　　　　/ 044

第二部分　场景如何在营销中起作用

第 3 章　场景架构图：冲破噪声　　　　　　　　　／ 061

　　　场景循环　　　　　　　　　　　　　　　　／ 063

　　　何为"场景架构图"　　　　　　　　　　　　／ 066

第 4 章　可得即用：帮助人们实现当下追求的价值　／ 074

　　　强迫体验：要求关注　　　　　　　　　　　／ 076

　　　直接体验：传递信息　　　　　　　　　　　／ 078

　　　有机体验：大量的互动　　　　　　　　　　／ 089

第 5 章　客户许可：配合个人，满足他们的要求　　／ 096

　　　要么是内隐许可，要么是外显许可　　　　　／ 097

　　　品牌必须努力获得外显许可　　　　　　　　／ 102

　　　外显许可让你能够访问更好的数据　　　　　／ 109

第 6 章　个性化：从体验的个性化到个性化地提供体验　／ 113

　　　大众营销　　　　　　　　　　　　　　　　／ 115

　　　垂直细分　　　　　　　　　　　　　　　　／ 117

　　　一对一　　　　　　　　　　　　　　　　　／ 118

　　　人际联系　　　　　　　　　　　　　　　　／ 119

　　　通过品牌社区让一切变得个性化　　　　　　／ 123

第 7 章　真诚同理：同时结合品牌声音、同理心和渠道一致性　/ 129

　　何为"真诚同理"　/ 132

第 8 章　价值观明确：在产品之外与品牌建立更深的联系　/ 145

　　价值观连续体　/ 148

第三部分　在无限媒体时代，品牌应如何做营销

第 9 章　从广告营销到消费者旅程　/ 163

　　所有消费者旅程都需要一张地图　/ 166

　　客户画像和消费者旅程　/ 173

第 10 章　消费者旅程中的触发因子　/ 181

　　尽早（而且经常性地）出现在客户的消费者旅程中　/ 182

　　如何让客户在消费者旅程中不断前进　/ 186

　　充分利用口碑传播者的力量　/ 205

第 11 章　用自动化手段引导消费者旅程　/ 209

　　创造流动的消费者旅程　/ 210

　　利用自动化程序来实现销售目标　/ 216

　　下一步：自动化程序去中心化　/ 233

第12章　更快，更好：在消费者旅程中构建敏捷式开发流程　/ 238
用更少的时间打造更好的消费者旅程　/ 241
数据支持的测试：无偏见的假设　/ 252
使用敏捷式的待办需求来保持专注　/ 256

第13章　场景营销革命的新商业模式　/ 260
特斯拉：消费者旅程中的场景营销　/ 261
首席体验官：引领整个企业的客户体验　/ 265
场景营销：价值几何？　/ 267
利用加权流程模型评估价值　/ 273
售后营销：客户生命周期价值回报　/ 279
让组织内的其他团队支持场景营销　/ 281

第14章　第一步和最后一步　/ 285
获得管理层的认同　/ 285
弹性预算　/ 287
关于场景营销革命的最后一个思考　/ 289

注　释　/ 293

前　言　为何说"场景为王"

2014年的一个早晨，我感到口袋里的手机发出熟悉的嗡嗡声。这是Facebook（脸书）通知我，我的朋友克里夫在《福布斯》最新发布的一篇文章的评论中提到（@）了我。当我开始阅读这篇文章时，我感到很困惑。我所在的Salesforce（赛富时，客户关系管理软件服务提供商）刚刚连续第四年被评为全球"最具创新力企业"。这篇文章显然与我有关，但那天我并没有收到推送。我没有看到它。我看到的通知来自克里夫，他提醒我查看这篇文章。

别误会，《福布斯》对客户体验和现代营销的力量是略知一二的，它有很多方式吸引我的注意。我既为这本杂志供稿，也在网上关注了它。这家媒体每天通过邮箱和推特账号向我推送内容。但是，我尽管几年前还能直接收到这类报道，在2014年却没有收到，因为那时我每天都要处理数千条媒体报道。《福布斯》的电子邮件被自动归档到我谷歌邮箱的"未读"栏中,石沉大海,因为这些邮件都不是来自我的同事或直接联系人的。同样,虽然那时我会收到成千上万条推文,但是只有一小部分能进入我的推特时间线。

尽管我和《福布斯》有关联,但媒体环境有效地压制了这家公司的营销。这篇文章能否成功进入我的视野,与《福布斯》是不是拥有百年历史的传媒巨头无关,而与我的朋友克里夫是否提到我有关。"推送"和这本杂志所做的其他任何营销与宣传都已经不够了。

现在,我弄明白了原因:我们所知道的营销已经消亡了。

当消费者不再倾听

事情发生在2009年6月24日。一个时代的终结,隐藏在一场政治浴室丑闻的喧嚣和iPhone(苹果手机)的推出之中,悄无声息。没有钟声,没有警报,没有抗议,甚至没有人注意到它。这一天看起来与它的前一天或后一天没什么不同。然而,2009年6月的那个时刻标志着媒体、企业以及人类历史前所未有的转变。在那一天,个人——不是品牌,不是企业,也不是传统媒体——成了世界上最大的媒体内容创造者。

如果能理解这些迹象，我们就能预见其到来。报纸和其他印刷媒体陷入困境无疑是一个先兆，就像在阿拉伯之春和占领华尔街运动期间，个人的力量通过社交媒体聚集起来，共同发起政治抗议一样。更重要的是，所有媒体渠道的市场参与度都在稳步下降，而媒体使用量却在继续攀升。

显然，巨大的变革就在眼前发生，但我们都没有认识到这一变革的剧烈程度。于是，2009年6月24日悄然而至。人们用了8年时间才认识到发生了什么。2017年，在研究未来营销的成本时，我偶然发现了2009年发生的事情。我并不是在寻找它，而只是试图追踪信息噪声的音量，并计算在未来突破这些噪声要花费的成本。

我发现，我们不仅有了更多的噪声（这些噪声大多是由个人而不是企业制造的），而且已经进入了一个新的媒体时代。正如我将在本书中阐释的，信息噪声不再是它曾经的样子。"更多"不是数量上多一点儿，而是指数级的增加。

然而今天，并没有多少公司改变它们激励客户的方式，从这一点来判断的话，6月这个重大的日子好像从未发生过一样。我的研究表明，营销人员还是徘徊不前，他们虽然试图吸引客户的注意力，但最终只是用无休止的干扰惹恼了客户，比如，YouTube（优兔）视频中的广告、电话营销以及在阅读文章前必须收起的那些自动播放的视频。如果消费者还没有感到恼火，那是因为他们通过屏蔽广告忽略了广告商为此付出的巨大努力，而且越来越多的渠道在帮助消费者屏蔽广告。这就是疯狂的部分：越来越多的消费者不需要动一根手指就能避开你。环境本身正在通过电子邮件和社交媒体过滤器过滤掉品牌寻求关注的信息，这就是为什么我不知道《福布斯》发布了那篇文章。

这个信息再明显不过了：消费者不再倾听了。他们没必要这么做。如今是他们说了算，而不是营销人员说了算。尽管没有人注意到2009年6月的那一天（更不用说采取行动了），但它是一个具有重大意义的转折点。它重新定义了我们如何建立关系，如何与周围的世界发生联系，甚至我们的经济如何运行。它开创了我所说的"无限媒体时代"。

无限媒体时代说的不仅仅是媒体数量的增多，它说的是一个完全不同的媒体环境，在这个环境中，各种可能性应当是无限的。对企业，尤其是对营销人员来说，所有这些意味着什么？既然媒体环境已经如此剧烈地偏离了曾经的运作方式，我们就不能以一切照旧的方式来应对。我们不仅需要新的营销理念，而且需要更新营销这一概念。这需要我们在做什么、怎么做，在建立品牌和吸引客户的方式上进行一场革命。无论你的企业规模如何，属于什么类型，或者你的工作级别和类型如何，你都要准备好以一种截然不同的方式来看待、推广和发展你的品牌，这是由不同环境下的不同营销方式定义的。

我把它称作"场景营销革命"。今天，激励消费者与能否吸引他们的注意力无关，而与他们能否理解其场景有关，场景即消费者当前在时间和空间中的位置，以及他们在那一刻的任务。今天，帮助人们实现他们当前的目标是冲破噪声并激励消费者采取行动的唯一方法。

无限媒体时代的大幕已经拉开，并且已经持续了十几年之久，我们最好现在就行动起来。希望这本书能对你有所帮助。

翻天覆地的变革

因为消费者在无限媒体时代的行动方式是完全不同的，所以品牌也需要以完全不同的方式与个人互动。让我们回头看看曾经的有限媒体时代。1900—1995年，只有持有资本的人，比如广告人、广告公司、媒体机构，才能参与媒体的创造和发行，所以噪声的音量相对较低，而且噪声是由一种与我们今天所知不同的物质组成的，对此我稍后会描述。由于只有品牌和传统媒体才能制造和传播噪声，它们只能相互竞争，利用有创意的信息来吸引人们的注意力，并推动产品销售。"性感营销"那时很管用，品牌会利用各种潜意识技巧将自己塑造为受众的"最高认知"。发行和广告宣传是打造品牌的主要途径。

20世纪90年代，消费者开始使用电子邮件，我们第一次看到了革命的曙光。[1]随着时间的推移，越来越多的消费者开始成为媒体，他们创造内容、发推文、发布信息、进行分享，直到2009年6月那个具有决定性的日子到来，天平开始倾斜。随着无限媒体时代的来临，个体成为新主人的转变完成了。企业不再主导媒体环境，它们的垄断已经终结。

在接下来的章节中，我们将深入探讨有限媒体时代和无限媒体时代的区别。但现在，我们已经完全能够理解新时代改变了一切——关于噪声是什么，消费者的需求是什么，以及品牌如何获得突破。以上这些不再以有限、静态的方式进行，而是以无限、动态的方式进行。我们要想在无限媒体时代取胜，就需要把握一个既简单又复杂的真理：广告、有创意的信息、精美的文案，甚至令人眼花缭乱的内容都不重要，重要的是"场景"，即理解如何帮助消费者在当下实现他们的目标。

瑞典家具巨头宜家就掌握了场景这一概念。下面这个故事很有名。垂头丧气的客户试图在巨大的仓库中找到自己的路，他好不容易把刚买的装在一个大号扁盒子里的书架或桌子拖回家，最后却对着一份具有挑战性的装配说明干瞪眼。为了改善消费者体验和增加销售额，宜家收购了零工经济初创公司 TaskRabbit。因此，从 2017 年开始，宜家的客户就可以通过 TaskRabbit 应用程序雇用一名自由职业的工人来帮助自己实时提取、配送和组装桌子或架子（类似于用优步或来福车叫车）。客户觉得这种方式很好，他们有什么理由不喜欢呢？宜家找到了一种方法去满足消费者的确切需求，也就是说，在这种场景下，宜家目前的目标是让它的家具实现无障碍配送和组装。

我和共事的 Salesforce 研究团队认为，宜家是一家"高效能"公司。我们的标准建立在一个盲测调查基础之上，4 年来，我们每年都在全球范围内对不同垂直领域、规模和地理位置的企业（共计 11 000 家[2]）开展调查。我们搜集的数据告诉我们，哪些营销工具和策略对这些匿名公司有效。具体来说，我们发现，那些享受持续增长的公司正是那些专注于在消费者旅程中打造体验的公司。[3] 数据显示，这些公司（在被调查的上万家公司中仅占 16%）取得成功的概率大概是其他公司的 10 倍，它们总是能够击败直接竞争者。这意味着，在我们的调查中，其他 84% 的公司的前景取决于它们是否有能力追随这占比 16% 的公司的脚步。

接下来，我们使用了盲测调查中那些增长最快的公司的标准,来寻找那些似乎遵循同样做法的公司和品牌。除了宜家,我们还发现了其他高效能公司,如特斯拉、Room & Board(家具公司)、奥利奥和爱彼迎,这些公司似乎都理解场景的概念,并且了解持续应对无限媒体时代需要具备哪些东西。也就是说,所有高效能公司都重新理解了营销这一概念,而不仅仅把它看作新的营销理念。

变化每时每刻都在发生

在我继续讲下面的内容之前,考虑到事物发展的速度和变化的幅度,请记住一个关于未来的重要事实。今天我要告诉你的是,现在是个人说了算,而不是品牌说了算。但我们必须做好场景营销的原因是,快速变化仍旧没有停止:我们的个人设备和应用程序正在成为媒体的第二大创造者。这并不仅仅意味着媒体的数量在增多,还意味着个人设备和应用程序是一种非常强大的媒体,能够以前所未有的方式激发消费者的兴趣。

所有这些都表明,人工智能已经出现了。个人设备中的人工智能不断对我们发出提醒或提示,而我们也因此改变了自己的行为。比如Fitbit(一种智能手环),它能让你多走500步来完成你每天的目标。不想迟到?你的日历会在约会前30分钟通知你一次，间隔15分钟再通知你一次。想关注某件事，想减肥，想学习一门语言？某款应用程序或设备可以成为你的私人助理。它可以读取你的个人数据流，提醒你在什么时候该做什么。每一款应用程序和设备都变成了一个只为你创建的个人媒体流，在适当的时刻触达你，以新奇的方式激励你。这就是我所说的场景对于我们发生了转变的环境的重要性。

事实上，在无限媒体时代，我们不能没有人工智能。来自品牌、个人和设备的大量内容供大于求，这使得人工智能不可或缺。人工智能管理着人们的收件箱、谷歌搜索、网站、应用程序和社交信息流，消费者只会看到人工智能选择让他们看到的内容（最终，人工智能也会成为内容的主要创造者）。再一次，一切都变得可场景化，人工智能作为控制器的重要性只会随着时间的推移而提升，噪声的音量也会越来越高。场景不仅是消费者想要的，而且是人工智能优化的目标。这就是为什么说场景是关键，而人工智能是我们必须突破的障碍，这样我们才能去接触和激励现代消费者。本书接下来会对此做更多的介绍。目前，理解场景营销革命不仅对于今天至关重要，而且对于未来至关重要，在未来的世界中，人工智能会策划或创造我们看到的大部分内容。

场景营销革命：一种新的增长模式

因为传统营销的基础已经被撼动，营销的空间在无限大的领域内成倍增长，我们营销人员发现自己来到了全新的领域，而这里有全新的规则。我们花了很长时间才认识到这一点，但不要怀疑：从 2009 年 6 月 24 日开始，所有曾经在营销中有效的东西都不再适用了。关于做什么、如何做，以及谁来做，这些永远地改变了。

幸运的是，我们有一些指导方针：我们针对当今高效能营销组织的研究揭示了一种方法，该方法可以为处在变革之中的你指明方向，无论你的企业是多大规模或是什么类型的，无论你是公司或企业的领导，还是营销团队的成员。现在，你需要做出改变，而不是简单地重复你以前做的工作。场景营销需要一种重新精心制作的透镜，来观察整个市场在三个关键方面的变化。

- 做什么。在今天这个无限媒体时代，营销计划必须从吸引眼球（当今的消费者会过滤掉这些）转变到让人们发现自我的场景。正如宜家的例子所说明的那样，营销必须聚焦于一系列多样化和无限的场景，以帮助消费者实现他们的直接目标。

- 如何做。今天的营销人员不能只是传播静态信息，而是需要创造并提供动态体验。特斯拉在打造消费者体验方面堪称大师，我稍后将对此进行阐述。世界各地的企业都可以效仿特斯拉，重新思考它们的营销执行：营销人员必须成为不间断的系统的工程师，通过敏捷性和自动化来实现规模化，而不是一再扩大覆盖范围。场景水平的提高离不开高水平的个人参与，否则场景水平是无法提高的。广告营销要让位于整体系统，比如自动化的消费者旅程、人工智能网页，以及具有预测性和主动性的客户支持。

- 谁来做。现在，主要的噪声制造者是个人，而不是企业或品牌。这意味着行政领导必须重新审视营销的作用，以激励消费者并推动增长。在这种新的商业模式中，营销具有更大的作用，并使用多种手段来增加远超过净新增销售的收入。例如，Salesforce营销团队创建了一个名为"开拓者"的客户社区网站，客户可以在这里相互交流，也可以与公司交流。他们获得的效果是，与社区网站相关的客户在Salesforce服务上花的钱是非社区客户消费的二倍，开拓者社区客户作为客户的停留时间是非社区客户停留时间的四倍。换句话说，Salesforce在没有创造新客户的情况下，大幅提高了它的利润。

正如本书将要展示的那样，营销范围、营销执行和营销角色这三方面的转变要求品牌必须遵循一种修正的增长模式。虽然我们之前坚持的是"打造—营销—销售"（build-market-sell）的理念，但是品牌只能通过一种被翻转和扩展的模式生存下去，即"营销—销售—打造—营销"（market-sell-build-market）。我将这种新模式称为"场景营销模式"，我将在后面详细描述它。

你可能会觉得，这听起来并不新鲜，你以前也听过一些这样的想法。确实如此，你应该至少听说过一部分这样的想法。关键问题是，公司曾经是如何对待这些想法的，以及其中仍然存在哪些差距。在我们开始满足无限媒体时代的需求之前，我们需要弥合这些差距。

一切又是崭新的了

对品牌来说，改革的必要性并没有消失。公司和营销组织试图改善和扩大它们的媒介、计划和渠道。问题在于，它们把营销的基本理念抛诸脑后。正如约瑟夫·派恩（Joseph Pine）

和詹姆斯·吉尔摩（James Gilmore）在1999年出版的著作《体验经济》（The Experience Economy）中阐述的那样，我们都很了解消费者对体验的渴望。两位作者的经验证明，帮助消费者转型最终会为企业创造最高的价值。但是，大多数品牌只是简单地翻新了旧的理念，而没有深入了解作者的观点，即体验是一种连接一个又一个时刻的系统。它们把静态的广告做成沉浸式的广告，把实体的产品做成数字化的产品，所有这些都使用了相同的旧想法、商业模式和营销方法。

在派恩和吉尔摩的书出版的同一年，我们看到了塞思·戈丁（Seth Godin）在《许可行销》（Permission Marketing）一书中预言的获得许可的媒体直接接触受众的力量。此外，各大品牌再次跃进，采用"许可"的方式发送电子邮件，但忽略了书中描述的重要基础：价值交换。只要你使用这些数据来传递消费者寻求的价值，他们就会给你数据，许可并授权你访问他们生活中最私人的部分。这一价值也会随时间的推移而发生变化。当戈丁创作那本书时，内容还是有限的，所以消费者重视品牌发送的内容；而现在，内容是无限的，所以消费者重视体验。《福布斯》经许可联系到我，但这并不重要。我的收件箱过滤了该杂志发送的邮件，并把它们归到"垃圾邮件"文件夹，它们被淹没在成百上千封邮件之中，而我的社交媒体渠道则完全过滤掉了《福布斯》的通知。消费者不想要大众体验，他们渴望个性化的时刻。征求许可的需求没有变，但我们使用它的方式变了。这种需求已经演变成更重要的东西：营销人员需要获得许可，进入你的收件箱，并获得创造个性化体验所需的数据，而不仅仅是优化大量的信息，这是关键。

戈丁阐述的"价值交换"的概念也适用于其他许多新出现的营销理念，如内容营销（品牌创造自己的内容来吸引受众）和集客式营销（品牌设计内容，专门回答人们在搜索引擎上搜索的问题，然后引导他们到品牌自己的网站上）。这两种想法都是正确的，但大多数品牌并不明白它们为什么能取得成功，或者消费者看重它们什么。没有消费者会说"我想要的是内容"，内容只是在特定时刻实现目标的中介——回答消费者提出的问题，让他们获得娱乐，验证他们的身份。人们渴望的是特定的体验，而不是"内容"。换句话说，我们需要更新营销的概念，这一概念的基石是利用许可来创造消费者当下渴望的价值，你采用什么方法并不重要。否则，内容一送达就石沉大海了。

除了体验、许可和内容，品牌最近还采用了更系统化的增长途径，就像几年前肖恩·埃利斯（Sean Ellis）和摩根·布朗（Morgan Brown）的《增长黑客》以及艾伦·罗斯（Aaron Ross）和杰森·勒姆金（Jason Lemkin）的《从1到N》等书所阐述的那样。但同样，如果品牌在没有场景视角的情况下做这些，这些就行不通。不是因为这些书中的观点不对，而是因为品牌只是将这些观点视作对旧理念的简单调整。它们并没有领会作者的真正意图，但是大多数品牌就是这么做的，它们并不清楚为什么它们激励消费者的能力没有得到真正的提高。

大多数品牌没有认识到的事实是，品牌一直在其旧营销理念上打转（如体验、许可、内容和其他各种不同的增长路径）才是问题所在。这就是为什么2009年6月的那一天如此重要——开关打开，无限媒体时代开始了。我会提供确凿的证据来解释为什么这些理念曾经有效，为什么它们现在失败了，以及我们需要对此做些什么。

事实上，我们很可能会感到疑惑：既然2009年的时候世界发生了这么剧烈的变化，世界各地的营销人员怎么会忽略它呢？包括我在内，世界各地的营销人员至少有一段时间忽略了它。

为何营销人员一筹莫展

也许我们营销人员只是在错误的方向上跑得太拼命了。在过去的10多年里，我们勤奋而创造性地采用了新的渠道，改变了我们传递的信息，定制了我们的品牌声音，并以各种可能的方式提高了我们的产品对客户的价值。我们一直在分配和重新分配数字支出，以便在消费者旅程中与潜在客户建立联系，赢得他们的信任并留住他们。为了实现这些目标，我们与IT（信息技术）部门和销售部门建立了更好的合作关系，共同设计应用程序，重新推出网站，并为充斥着各种数据的营销宣传建立登录页面。

当上述的某一项努力第一次被采用时，它一定能带来可见的变化。但是，太多的品牌不明白为什么它们的工作起了效果，所以今天它们还在挣扎。它们需要明白的是，只有当应用程序是完成一项任务的最佳方式时，搭建应用程序才会获得成功，而不是说消费者就是需要应用程序。许可之所以有效，是因为许可给予了个人控制权，而不是因为它能让品牌的营销邮件送达。内容营销和集客式营销之所以有效，是因为它们让消费者自己拿主意。

营销人员一筹莫展，还有其他原因。我们仍然依赖于那些过时的营销法则。"性感营销"、让消费者"牢记"你的品牌、

"没有所谓的负面报道"之类的说法，在无限媒体时代都已经过时了。那些展示光洁皮肤或性感外表的广告已经不像以前那样管用了，因为消费者甚至已经不看广告了。即使看了，他们也不太可能记得住品牌名称，因为现在的世界已经完全不同了。

媒体环境的变化催生了一类完全不同的消费者，他们超越了年龄等人口统计数据，以及B2B（企业对企业）与B2C（企业对消费者）等定义的类别。这类新的消费者已经有了新的记忆方式和新的决策过程，这相当于完全改变了消费者旅程，这些我会在第1章中更详细地叙述。我们营销人员并没有考虑这些变化，也许部分原因是公司的领导层大多忽视了转型的媒体环境如何改变了我们的经营方式。

事实上，数字时代的领导者已经重新审视和重新定义了商业模式的方方面面，除了营销。在他们看来，媒体的大规模扩张只是渠道变得多样化，包括免费的分发和更精准的定向广告，而不是产生了一个全新的商业环境。在这种有限媒体时代的视角下，他们不能理解当前环境对消费者行为和动机的深刻影响。更重要的是，他们没有理解这对业务产生的影响——从根本上改变了为消费者创造价值，并与他们建立长期关系的方式。

不管我们是否认识到这一点，2009年6月24日这一天都标志着消费者完成了向一个完全不同的环境的过渡。消费者的行为和价值观在此之后有了新的可能性，发生了翻天覆地的变化。没有把握住这一真相的品牌将永远无法获得突破，就像《福布斯》没能突出重围并向我推送Salesforce相关的新闻报道一样。

但是，所有的迹象都指向一个不争的事实：几乎还没有人掌握无限媒体时代的真相。营销人员还是做着和以前一样的事情，好像什么都没有改变。我要再次强调，这么做是徒劳的。弗雷斯特市场咨询公司（Forrester Research）2018年开展的一项调查可以为此提供支持。他们对管理着潜在客户的B2B营销人员做了调查，发现在每100个潜在客户中，只有1.15%最终能转化为实际销售。这意味着这些营销人员的营销理念对98.85%的潜在客户不起作用，无法带来收入。[4]

此外，消费者已经向我们表明，他们甚至不喜欢广告，他们已经受够了：现今，全世界有6亿件设备使用了广告拦截软件。哈佛大学研究员、《线车宣言》（Cluetrain Manifesto）的合著者道格·希尔斯（Doc Searls）在最近的一次谈话中提醒我，这种大众消费者过滤营销的行动"很容易成为世界历史上最大规模的抵制行动"。简单来说，如今是消费者说了算，而不是你我这样的营销人员说了算。

人们不仅不喜欢广告，而且不相信广告或创造广告的人。2018年，盖洛普民意调查对最受信任的职业进行调查后发现，广告从业人员是第四不受信任的职业，仅次于国会议员（第一名）、汽车销售人员（第二名）和电信营销人员（第三名）。[5] 连律师都比广告从业人员更受信任。这一数据给了我们当头一棒。广告从业人员、营销人员和销售人员——这些我们为壮大企业而创造的职业——已经成为美国不受信任的职业。

残酷的事实是，消费者从来就不相信广告，几乎就像他们不喜欢被"强买强卖"一样。在有限媒体时代，他们没有其他手段可以借助。但在今天，他们不仅拥有强大的手段来绕过营销，而且在无限媒体时代的大环境下，人们现在所有的连接、参与和分享方式都在帮助他们绕过营销。

想想你想跳过的YouTube广告（但平台不允许你跳过）和宜家提供的TaskRabbit应用程序（它可以帮助你在极短的时间内组装新买的桌子）之间的区别。YouTube广告是不可取的、不被许可的；TaskRabbit是非常可取的、被高度许可的，消费者会为此买单。要想在当今的时代取得成功，我们必须专注于在任何可能的地方提供消费者需要的和许可的体验，换句话说，就是提供场景化体验。

一往无前的道路

这场新媒体革命的一个非常重要的方面是，消费者和营销人员都无法控制它。媒体环境是（并且永远会是）由算法驱动的。随着噪声音量的上升，算法会在帮助消费者理解现代世界方面发挥越来越大的作用，而我们现在已经到了无路可退的境地。噪声的数量之多远远超出了人类的认知能力所能理解的范围，人工智能成为现代互动中的固有组成部分——它在屏幕背后，确保个体在需要的时候得到他们想要的东西。换句话说，消费者已经接受了一种全新的决策过程（我将在第2章对此进行探讨），他们与当今媒体环境密切的日常关系塑造了这一决策过程。

其结果是，人们如今可以接触一种体验并参与其中，前提是那种体验必须是场景化的。也就是说，体验在算法的驱动下出现在新的（非常个性化的）消费者旅程中。最符合当下场景的品牌体验就最有可能正确地操纵算法游戏，触达消费者，进而驱动企业获得想要的成长。

我们要如何做到这一点呢？我们研究了有限媒体时代的高效能组织，该研究揭示了一条清晰的路径，一条考虑到当今消费者心理的路径。为了打造能够冲破噪声并推动客户参与的场景化的品牌时刻，营销人员必须确保他们提供的体验满足以下几点：（1）可得即用（available）；（2）客户许可（permissioned）；（3）个性化（personal）；（4）真诚同理（authentic）；（5）价值观明确（purposeful）。这就是场景的五大要素，它们是正确开展场景营销的关键，我们将在本书的第二部分学习它们。

不仅如此，在无限媒体时代激励消费者还需要对营销如何建立品牌和推动行动有新的理解。在有限媒体时代，消费者动机只是投放有创意的广告所产生的副产品，这些广告只要告诉消费者公司开发的产品或服务是什么就可以了。各大品牌精心制作的单一信息已经极具说服力，消费者接收信息后就会行动了。如今，消费者动机是许多相互关联的时刻的副产品，要求品牌做出全面且持久的系统化努力。早在公司开发产品或发布服务之前，这个流程就开始了，并且一直持续到消费者使用了产品或服务很久之后。

这就是我之前所说的，场景营销革命本质上催生了一种全新的模式以激励消费者并塑造品牌：营销—销售—打造—营销，这就是场景营销模式。例如特斯拉，早在 Model 3 开始销售甚至生产之前，特斯拉就已经为 Model 3 建立了市场。因此，当 Model 3 开始预售时，它被认为是有史以来最大规模的单周首发产品，在几个小时之内，Model 3 的预售量就超过了

10万辆。[6]特斯拉之所以能够做到这一点，是因为它在一段时间内，让客户参与了一系列的体验，而这些体验都包含了我们刚才列出的五大要素。

特斯拉的创始人埃隆·马斯克（Elon Musk）在社交媒体上召集了庞大的许可受众，他们有一个核心目标——用激进的创新让世界摆脱化石燃料。马斯克的推特个人账号中充斥着各种火箭发射信息、关于太阳能电池板的讨论、特斯拉新的生产设施（名副其实的"超级工厂"）的导览，甚至还有他把汽车送入太空的视频。所有这些都是"真诚同理"的，因为它们完全符合特斯拉的受众在给予许可时所期望的价值。他们同时关注了马斯克和特斯拉，就是为了获得那些前沿的内容和"可得即用"的体验。然后，特斯拉利用这种深层次的连接关系，与受众共同打造这款汽车，它请受众通过预购的方式来资助Model 3的生产，结果后者真的掏钱响应了。

但特斯拉的体验还不止于此。即使客户已经下了订单，特斯拉仍然会持续营销，提供极致的客户体验。例如，特斯拉团队的一名成员会以个性化的方式让每位客户知道他们的车何时开始生产，然后让客户选择如何交付汽车。最后，团队成员通过一个宣传项目让特斯拉的客户与他人分享他们的美好体验，并因此而获得奖励。

结果如何呢？如今，马斯克在推特上的"粉丝"数量是特斯拉的劲敌——梅赛德斯-奔驰"粉丝"数量的7倍，而特斯拉在广告上的投入微乎其微（仅为梅赛德斯-奔驰广告投入的1/150），其汽车销量却是梅赛德斯-奔驰销量的3倍。令人印象深刻的是这种营销—销售—打造—营销模式的可持续性。特斯拉之前的3款车都是使用这种模式发布的，这种模式简直是屡试不爽。2018年，在特斯拉推出Model 3的两年后，这款车成为美国最畅销的豪华车。[7]

特斯拉并不是本书中唯一的成功案例，我们还会在书中看到其他很多高效能品牌。这些品牌都与其客户一起踏上消费者旅程，而这样的消费者旅程是为无限媒体时代量身定制的新商业模式。在本书的第三部分，我将带你走过场景营销模式的每一个阶段，并以实例说明，你的品牌应该如何用营销—销售—打造—营销模式来创造消费者体验，助力成功。不仅如此，随着场景营销革命的到来，我们正在重新想象营销的各个面向，包括我们用来生成场景营销的方法。这意味着我们要找到创造自动化程序的方法，让那些程序来管理和优化庞大的新消费者体验网络。创造这样的程序并不需要更多的创造力或更好的创新。我们在Salesforce的研究发现，一种特殊的方法——敏捷式开发，就能够让作为我们研究对象的高效能营销组织专注于创造单位时间内的最大价值。第三部分将详细介绍什么是敏捷式开发,以及如何使用敏捷式开发。但现在,我们要明白,有创意的想法只是一个开始,只是假设。通过敏捷式开发落实这些想法,才是让它们创造出最大价值的关键所在。

关于本书

在第一部分中,我们将摒弃"营销应该是什么"的过时观念,并详细研究场景营销革命以及为什么我们需要它。第1章仔细研究了我们之前在有限媒体时代激励消费者的方式与在无限媒体时代的根本区别。现在,我们需要的是场景营销,这需要营销部门在范围(做什么)、执行(如何做)和角色(谁来做)上做出转变。第2章描述了变化的媒体环境如何催生了一类新的消费者(他们超越了年龄等人口统计数据和B2B与B2C等定义的类别)以及一种新的消费者决策过程或消费者旅程,这需要营销人员在如何看待他们的品牌和客户方面进行一场革命。

在第二部分里,我将重点放在场景营销革命的五大场景化要素上。第3章提供了场景的概述,描述了它的五大要素(场景架构图）如何引导营销人员创建对当今的消费者来说非常重要的体验，以及这些体验如何一起以新的方式来激励消费者。然后，第4~8章将分别探讨塑造消费者体验的五大场景化要素。这些要素包括：可得即用（帮助人们实现当下追求的价值）；客户许可（配合个人，满足他们的要求）；个性化（从体验的个性化到个性化地提供体验）；真诚同理（同时结合品牌声音、同理心和渠道一致性）；价值观明确（在产品之外与品牌建立更深的联系）。

在第三部分，我将阐述如何在无限媒体时代冲破信息噪声，创建场景营销。我提供了一份最新修订的手册，展示了高效能组织如何利用场景营销来打造现代品牌，并主导市场。第9章描述了营销人员如何将静态的广告转变为巧妙的、流动的消费者旅程。这些消费者旅程适用于所有类型、所有规模的企业和各种不同的人群，可以有力地重塑你的品牌发展方式。在这一章中，我会提到你可以在客户访谈中使用的特定问题，当你开始绘制消费者旅程时，这些问题会帮助你了解你的品牌的各种消费者角色。第10章着眼于"触发因子"的概念，这是营销人员能够将个人与他们的消费者旅程联系起来或重新连接起来的关键时刻。这一章描述了两种触发因子——自然触发因子和定向触发因子——以及如何使用它们来让消费者在源源不断的场景中向前跨过每个阶段。

但我们要如何衡量这些源源不断的消费者体验？第11章认为，场景营销人员必须学会利用复杂的数据、技术和自动化程序系统，一步一步地引导消费者完成他们的旅程。这种自动化是使我们实时、立即创建和执行程序的唯一方法。然而，即使使用了自动化程序，一天的时间也不够我们包揽所有工作。这就是为什么我们需要一种革命性的工作方式，我在第12章中会介绍敏捷式开发。今天，像推特、爱彼迎和Facebook这样的高效能营销组织已经接受了敏捷式开发，这是一种快速验证假设的过程，让营销部门能够在单位时间内产生最大的价值。拥抱敏捷式开发使我们能够迈向商业创新模式，这是场景营销革命的最后一步，详见第13章。也就是说，场景营销会不可避免地带来组织结构和角色的转变，这是执行场景营销模式所必需的，以上这些都已经被特斯拉这样的公司接受。场景营销模式与无限媒体时代需要的其他新流程相辅相成，比如一种报告方法——加权流程模型，它提供了一种整体性的、预测性的营销措施。

最后，第14章在书的结尾呼吁采取行动，帮助营销人员迈出这场革命的第一步：获得管理层的支持。向你的领导证明场景营销是实现增长的唯一途径，将是获得成功的关键，这一章提供了关于如何做到这一点的见解。

* * *

本书可以作为你的场景营销革命指南。这场革命不同于以往任何一次，它强大到可以影响数以十亿计的人。完全可以肯定的是，成员资格不是可选的，这场革命影响着每一个人和每一件事。场景营销革命与内容、社交媒体、广告屏蔽或移动性统统无关。它关乎人们从即时访问、连接和开放中获得什么；它关乎人们在无限媒体时代发现的一套新的共同的价值观、愿望和目标，而这些在更早的时候是不可能出现的。就其本质而言，这场革命已经开启了更深层次的人性、力量和个人之间的连接。这是一场关于消费者需求、消费者如何做决定，以及品牌如何满足这些需求的革命。

让我们开始探索无限媒体时代吧，看看它如何以及为什么使传统营销变得过时，并探讨场景营销的三个关键方面。从有限媒体时代到无限媒体时代的转变，改变了营销的参与者、营销人员的具体工作，以及营销人员的工作方式。也就是说，这一转变开创了场景营销革命，而场景营销革命将有力地重塑你激励客户和发展品牌的方式。

第一部分
无限媒体如何变革商业

第1章
场景营销革命的三大关键点

回到2016年2月，你可能还记得谷歌搜索结果页面的调整。谷歌广告（以前叫AdWords）总是排在搜索结果右侧的广告栏消失了。广告开始出现在我们搜索列表的顶部（有时是底部），一个远不那么突出的位置。对一家每年从广告销售中赚取1 000多亿美元的公司来说，此举很奇怪。但这一变化发出了一个明确的信号：我们的新世界容不下旧思想。

谷歌广告是定向营销的巅峰，是一对一的完美匹配，由运行在最强大的超级计算机上的算法提供支持。谷歌广告能访问世界上最大的个人信息数据库，并将其与定义了客户确切意图的实时搜索数据相结合。然后，它将特定的数据与它认为当前合适的广告进行匹配。

那么，为什么谷歌决定要对页面进行调整呢？谷歌说出了原因：右侧广告栏的客户黏性下降，公司希望提供更积极的客户体验。在谷歌的广告位置改变后不久，WordStream（一家软件公司，向品牌销售帮助其管理谷歌广告的工具）做了一些调查。经观察，两年里，客户在 WordStream 平台上有超过 10 亿美元的广告支出，该公司发现，平均而言，谷歌上的广告仅在 1.98% 的情况下刺激了消费者行动。[1] 更直白地说，这些广告在 98.02% 的情况下未能推动任何行动。更重要的是，只有 15% 的消费者行动是由右侧广告栏的广告引起的。所以，尽管谷歌广告在完美的时机提供了完美的信息，但右侧广告栏的广告只推动了约 0.3% 的消费者行动。[2]

显然，当世界上最强大的科技公司利用比任何人想象中还要多的数据和计算能力也不能使营销理论的巅峰奏效时，营销这一概念就需要更新了。当然，这是不可避免的。20 世纪 30 年代，广播电台的广告歌曲打败了印刷品；20 世纪 50 年代，电视广告流行一时；20 世纪 90 年代的横幅广告在 21 世纪初更替为一系列数字广告；现在（耍了花招!），网红和各种社交媒体传播的帖子主导了 21 世纪的第一个 10 年，营销人员几乎每天都会问这样一个问题：我们需要出现在哪里？我们一直在追逐新的流行语和渠道，虽然节奏很快，但我们通常能够适应这种发展轨迹。我们不怎么问自己在做什么，但总是会问自己使用什么渠道。

问题在于，我们太沉浸于个人的营销微观世界（公共关系、广告、社交媒体、数字化），而没有注意到，营销的黄金时代，以及塑造这个时代的一切，在很多年前就结束了。我们继续依赖长期存在的业务增长方式，而这些方法根本不能帮你获得像以前那样的业绩，这让组织和领导层感到非常沮丧。太多的人将其归咎于科技的快速发展。我们都觉得其他人在创造更好的广告或更精准的定向广告，更快地"笼络"社交媒体。但是，在我们努力追赶潮流的过程中，我们没有理解一个非常重要的变化——消费者不再听我们的了。消费者是主宰者，在2009年6月无限媒体时代开始之后，他们便成了主宰者。提醒一下，现在全世界有足足6亿件设备在使用广告拦截软件！

本章探讨了我们自有限媒体时代以来所体验的深刻转变，以及为什么我们营销人员继续表现得好像什么都没有发生——这让我们身处险境。我还详细介绍了场景营销的三个要素，以及它们如何弥合新旧时代之间的鸿沟。

但我想先向你们分享这本书是如何产生的，以及它背后令人震惊的研究。

来自多项研究的一个重大发现

2015—2019年，我与Salesforce的研究团队共同确定了世界各地高效能营销组织的关键特征。我们每年都在全球范围内进行一项盲测，调查对象是各行各业的数千个品牌。在4年的时间里，我们调查了超过11 000家企业，通过多项研究，我们已经弄清楚了高效能组织的与众不同之处。我们发现，无论是高效能组织还是低效能组织，这些调查对象都使用了社交媒体、内容营销和集客式营销等手段。组织中的人读同样的书，追随同样的人。然而，与低效能组织相比，高效能组织更有可能超越其直接竞争对手。结果非常显著，高效能组织超越其直接竞争对手的可能性是低效能组织的96.3倍。[3]

它们的做法有什么不同？在每一个行业、每一个地域，所有的高效能组织都得到了管理层的全力支持，并接受了一场革命性的变革：不是提出新的营销想法，而是对营销概念进行革新。Salesforce的研究还显示，高效能组织集中关注消费者体验。这些公司所做的一切——它们设定的指标、策略、角色和业务目标——都围绕着它们创造的体验。

正如我在前言中指出的那样，我们都知道，"消费者体验很重要"并不是一个新的见解。但我们的分析表明，高效能组织对消费者体验的定义不同于大多数企业。它必须是不同的，对吧？如果所有企业都很了解消费者体验，而高效能组织更有可能击败它们的直接竞争对手（它们取得成功的概率几乎是对手取得成功的概率的10倍），那么二者对消费者体验的定义肯定是不同的。

我们发现，这种差异在于它们对新的媒体如何运作（或者更具体地说，是为谁运作）的把握。回想一下我在本书开头举的例子——我是如何错过《福布斯》一篇重要报道的，尽管我在该公司所有的营销名单和内部名单上。在那天我处理的其他所有噪声中，这篇报道终于引起了我的注意，但那只是因为我的朋友克里夫提醒我去看看。

那么，为什么个人能够做到，而媒体却不能呢？从理论上讲，答案相当简单：在这个新环境中，消费者说了算。我们在某种程度上已经理解了这一点。正如我所提到的，我们的研究表明，高效能组织和低效能组织都使用了相似的专注于个人需求的策略和渠道，比如社交媒体。然而，低效能组织并没有取得突破。正如我对《福布斯》杂志的体验所表明的那样，尽管我与《福布斯》杂志关系密切，但目前的媒体环境实际上使公司的营销活动陷入了沉寂。所以，我需要理解的下一个谜题是我们的环境。

我一面在进行Salesforce的研究，一面在进行未来营销成本的研究，特别是研究冲破这些噪声需要付出多少成本。这要求我先追溯媒体的历史，从我们可以可靠地追踪它开始（1900年），然后使用当前的发展轨迹预测到2030年会发生什么。这样我就能够检查我们媒体环境的三个层级：参与者、噪声和渠道。参与者是创造和传播噪声的人。噪声是指由参与者创造和传播的任何被注意到的信息，无论参与者是企业、个人还是设备。根据这个定义，你的社交网络中上成千上万的帖子（从来没有真正出现在你的信息流上）、成百上千的广告牌（你开车经过但从来没有看过），以及你每天经过的数不尽的包装商品都不在本研究范围内，因为如果你注意不到它们或不接受它们，它们就不太可能产生任何影响。媒体环境的最后一个层级是渠道，它是可以创建、分发和消费信息的任何媒介。这个宽泛的定义使我能够解释我们环境的现代方面，例如通知、文本和通信应用程序。

在分析了大量数据后，我发现，高效能组织不仅善于利用技术，而且能够更快地采用新渠道，或者更富创造力。更确切地说，它们正在玩一种为转型了的媒体环境而设计的全新游戏。数据证实，这些公司本质上知道，一个媒体时代结束了，另一个媒体时代开启了。2009年6月24日，个人开始主导媒体创作，这是一个转折点。

有限让位于无限

在有限媒体时代（1900—1995年），顾名思义，媒体的创造和传播被限制在那些拥有参与资本的人（主要是企业）的范围内，渠道会选择传播那些主导群体传播的任何信息。这些限制意味着噪声的总音量相对较低。等到营销进入了黄金时代（1955—1970年），大型广告公司崛起，人们对品牌营销给予了巨大的关注。营销人员每次只传递一条信息，信息对所有人来说都是一样的。

1971年，电子邮件首次出现，当时它还是一个只有几百人使用的地下网络。直到20世纪90年代，联网的个人电脑和邮件客户端向大众开放，这个媒体才真正达到更大的规模。[4] 从那时起，随着越来越多的消费者相互连接起来，他们开始创作、发推文、发布和分享媒体信息，事情开始发生变化，直到2009年6月的某一天，正如本书前言中描述的那样，天平开始倾斜。自那一天起，数据清楚地显示，个人超越了企业，成为规模最大、力量最强的媒体创作者。从那时起，企业不再是媒体环境的主人，所有的渠道优化开始围绕个人媒体创作者展开。一个多世纪以来，品牌和组织拥有的垄断地位已不复存在。

重要的是，虽然我们大多数人仍然在使用的营销概念在有限媒体时代已经被创造和迭代了很多次，但直到2009年6月的那一天，媒体环境的基础才发生了变革。我们大多数人都没有注意到风潮来袭的蛛丝马迹，比如社交媒体上的个人是如何发起大规模全球抗议的。尽管人们使用社交媒体和移动媒体的方式发生了深刻的变化，但我们很多人都没有想到，以迅雷不及掩耳之势，我们长期以来关于营销的想法就过时了。现在很明显，现代媒体的数量并没有简单地增加，从宏观上看，这是一个完全不同的环境，且完全面向一个新的目标。无限媒体时代不是一次传递一条信息（同样的信息）给每一个人（广告牌风格），而是使用算法实时地将合适的人与合适的内容连接起来。

这就是营销不再管用的原因，也是为什么今天的高效能组织似乎理解了一些低效能组织不理解的东西。具体来说，无限媒体时代逆转或取代了有限媒体时代的三个基本特征——谁来做、做什么以及如何激励消费者。

这三个方面也暗示了未来的发展方向，即营销人员在场景营销革命中必须做出的改变。

场景营销的三大关键

第一，从有限媒体时代到无限媒体时代的转变重塑了参与者的身份。个人取代企业成为噪声的主要制造者，因此，今天消费者制造的噪声是所有企业制造的噪声总和的三倍。这不仅仅是数量上变多了，而且是一种新型的噪声，它以不同的、更令人信服的理由吸引消费者，我在后面会进一步阐释。

第二，向无限媒体时代的转变改变了我们的行为（或者换句话说，它改变了我们制造噪声的类型）。场景取代注意力成为营销的惯用手法。在有限媒体时代，营销使用吸引注意力的方法让个人的注意力从手头的任务中转移，以此传递信息；而在无限媒体时代，场景试图通过创造一种体验来匹配品牌当下的任务，以满足每个消费者在当下的欲望，这就带来了第三个转变。

第三，无限媒体时代改变了信息的最佳传递方式（或渠道）。静态消息让位于动态体验。无限媒体时代的媒体环境以个人为中心，重视体验。营销人员的角色必须从信息的创造者转变为品牌体验的负责人和维护者，营销人员只在个人有需要的时间和地点才会提供这些体验。这一结论在我们对那些高效能组织的研究中得到了证明，这比试图通过发送广告消息来吸引人们的注意力要有效得多。

让我们更仔细地看看这三个转变，它们告诉了我们应当如何接触今天的消费者。

噪声制造者的转变

2018年，地球上拥有移动设备的人口数量（73亿[5]）超过了拥有电力的人口数量（67亿[6]）。大约70亿件设备中的大多数都允许人们创建、分发和访问他们想要的内容。

这在世界历史上还是第一次，这样的媒体交流水平和消费水平已经成为可能，而且在实践上毫无障碍。渐渐地，我们的设备本身也开始创造内容：IHS Markit（数据信息及解决方案提供商）的研究报告预估，到2025年，地球上每个人平均将拥有15件连接设备，每件设备都能够在没有人类帮助的情况下计算、创建和分发媒体内容。[7]因此，我们当前的无限媒体时代可谓名副其实，长此以往，个人及其设备将处于支配地位，并将创造越来越多的内容。

因此，相比于1900年第一次测量时的数据，现在噪声的音量是原来的100多倍也就不足为奇了，但这并不能解释噪声变得复杂得多的事实。如果我们把所有的东西都称为噪声，那我们就是把截然不同的东西混为一谈，并假设它们的功能都是相似的。事实并非如此。在有限媒体时代，媒体被来自企业的噪声（主要是广告和营销信息）主导；无限媒体时代带来了个人的噪声，如文本、社交帖子、电子邮件，以及其他设备制造的噪声，如应用程序通知。噪声的种类和数量的巨大增长意味着人们必须更有选择性地挑选他们接收的噪声。

然而，今天所有的噪声通常可以被分为两类：企业产生的噪声和个人（及他们的个人设备）产生的噪声。当我们通过这两个镜头来看待噪声时，我们就能更清楚地看到，为什么我们需要一场营销理念的革命来获得突破了。

让我们首先考虑企业产生的噪声：平面广告、广播广告、电视广告、电子邮件营销、赞助的社交帖子等。在下图中，我们可以注意到，在每次引入一个新的主渠道之后，企业产生的噪声总量就出现一个峰值：广播（1920年）、电视（1940年），以及最后的互联网（1990年）和社交媒体（2000年）。每一个峰值都有一个上限——你如果愿意，可以称之为饱和点，超过这个上限，企业的噪声就无法增长，直到另一个媒体渠道进入环境（见图1-1）。这里重要的结论是，企业噪声是市场机会的产物，而不是消费者欲望的产物。

相比之下，由个人和他们的设备制造的噪声的增长模式完全不同，它没有饱和点。这些噪声（微博、帖子、文本、通知和视频等）始于20世纪90年代大众消费者对电子邮件的使用，并以惊人的速度继续攀升。数据表明，2009年个人噪声的音量超过了企业噪声的音量，并且再也没有回落。

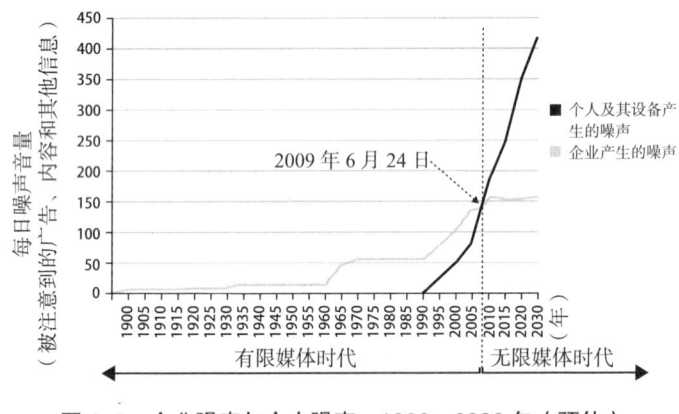

图1-1 企业噪声与个人噪声，1900—2030年（预估）

个人噪声的音量经过多年不断增长，到2018年，一个消费者平均每天会注意到500条噪声信息：其中150条是由企业制造的噪声，这与350条个人制造的噪声信息相比相形见绌。在这种增长模式中，有两点非常突出。第一，个人噪声并不只是在稳步增长；它似乎没有一个饱和点，一个主要原因是，它是个人渴望（许可）的。第二，由于被许可的噪声非常有价值，它远比不受欢迎的企业噪声更有可能说服和打动个人。

因此，今天的噪声与过去的噪声大不相同了。那么，一个企业（即营销）如何才能取得突破呢？它产生的噪声必须看起来更像个人噪声。

噪声已今非昔比

从有限媒体时代迈向无限媒体时代的第二个转变是，噪声的本质也发生了巨大的变化。在过去，噪声是指任何品牌和企业都可以放出去吸引消费者注意力的东西，无论消费者正在做什么，越大声、越闪亮、越瞩目、越庞大——越好。

无限媒体时代改变了这一切：注意力被场景取代。换句话说，对于任何特定渠道的算法，无论是谷歌搜索、亚马逊搜索、苹果新闻、电子邮件、Facebook信息流，还是其他数字媒体，只有当渠道确定该体验提供了足够的场景来驱动个人的参与时，算法才会选择它。此外，只有当媒体体验满足了消费者在当前场景下的即时需求时，他们才会参与。

也许，证明场景的重要性，以及有限媒体时代和我们现在所处的无限媒体时代之间的巨大差异的最好方法，就是看看我们长期以来坚持的关于营销的真理有多少已经不再奏效了。

有限媒体时代的 4 条"吸引注意力的法则"

让我们从几乎每个人都知道的一条法则开始：性感营销。它是有限媒体时代最吸引眼球的东西——皮肤、妥协的姿势、具有性张力的外表。据《广告时代》报道，2017 年 3 月，广告公司 72andSunny 宣布，他们为卡乐星和哈帝快餐连锁餐厅推出的最新广告是为了让大家了解餐厅的"食物，而不是胸部"，旨在改变品牌多年来以比基尼美女为卖点的营销模式。[8] 正如卡乐星前执行创意总监杰森·诺克罗斯（Jason Norcross）解释的那样："那些广告对业务的推动已经大不如前了。"

这些广告从前之所以能奏效，可能纯粹是因为运气。伊利诺伊大学的一项研究追踪了以 80 年为时间跨度的广告数据，发现"相比于那些没有性吸引力的广告，人们更容易记住带有性吸引力的广告，但这种影响并没有延伸到广告中出现的品牌或产品……（人们）是否喜欢广告几乎不会影响他们是否购买广告中的产品"。所以，是的，美好的肉体仍然会吸引人们的注意力，但这几乎不会对人们的购买行为产生影响。[9] 在今天这个无限媒体时代，品牌的数量呈指数级增长，人们甚至不太可能去看广告，更不用说记住任何一个特定的名字了。靠美女来吸引注意力已经成为过时的古怪想法。

第二条不再正确的法则是"没有所谓的负面报道"。在有限媒体时代，消费者可能会读到或听到一些报道（正面的或负面的），但仅记住关键部分，而不是完整的故事。随着细节逐渐被忘记，他们通常只记得一个品牌的名字。他们可能会再次注意到这个名字，但不一定记得为什么自己知道这个名字。因此，即使负面新闻也有一个显著的长尾，它能够帮助品牌一下子就被消费者想起来。如今，现代媒体渠道会根据场景进行优化，所以当我们在 Yelp（餐馆评价网站）、雅虎或谷歌上进行搜索时，它会显示所有的评价，有正面的，也有负面的。网络评分和评论的加入，使得负面新闻与任何关于你的品牌的对话密切相关。这是不可避免的：负面新闻现在的影响非常糟糕。

让我们看看第三个营销宠儿——"合适的信息、合适的人、合适的时间"。这个值得高度信赖的想法断言，要想驱使消费者采取行动，你只需要在合适的时间为目标传递一个吸引人的信息。但本章开头提到的 WordStream 的调查证明，这种逻辑过时了。[10] 他们对在两年时间里使用 WordStream 平台的客户在谷歌广告上花费的超过 10 亿美元的广告费用进行了研究。谷歌广告具有向消费者投放量身定制的动态内容的强大能力，在践行"合适的信息、合适的人、合适的时间"方面，谷歌广告是有史以来最强大的工具，无可辩驳。然而，它在搜索结果右侧长期占据的广告位置，在 98.02% 的情况下始终未能推动消费者的行动。

这是为什么？首先，消费者不喜欢信息（还记得希尔斯说过，广告屏蔽是世界上"最大规模的抵制行动"吗）。其次，消费者现在有无限的选择来帮助他们做决定。比起广告，他们更相信有机内容，所以如果二者同时呈现无限的内容，他们有什么理由会选择广告呢？正如 WordStream 的首席执行官拉里·金（Larry Kim）所说，客户黏性不再是广告文案、颜色或任何与信息有关的东西带来的结果。客户黏性纯粹是由消费者在个人场景中体验你的品牌的方式驱动的。哪些品牌的客户黏性最高，甚至达到平均水平的 4 倍？这些品牌要么与消费者有过一段历史，要么为个人提供了更好的"广告后"体验。例如，购买了谷歌广告位置的品牌可能点击量高，但如果消费者必须填写一份很长的表单才能访问这些内容，那么这种体验就会让消费者动摇，进而离开。

当今消费者对无限可信赖内容的访问——即时可访问的各种媒体——扼杀了第四个长期存在的营销真理：品牌必须做到"首先想到你"。我的问题是，首先想到你的什么？消费者已经不记得当今世界上的任何事情了。他们为什么要记住这些呢？人们把所有的东西都转移到设备上，只要喊一声 Siri 或

Alexa（智能语音助手），就可以得到他们所需的信息。在不那么容易获得信息的有限媒体时代，"好记"对消费者来说是非常有用的。但如今，消费者既不需要记住品牌，也不需要绞尽脑汁做决定。他们的设备将搜索无限可靠的来源，并将他们想知道的信息传递到他们的手中。

既然我们已经了解了今天什么样的噪声会被注意到（在相关场景下的媒体，而不是仅仅依赖于吸引注意力的媒体），那么下面我们来分析一下，这意味着什么。

场景化的噪声（媒体）是被许可的媒体

皮尤研究中心在2018年9月发布了一项研究结果：68%的美国消费者表示，他们至少会从社交媒体上获得一些新闻（在50岁以下人群中，这一比例上升至78%，仅比2017年略有上升），也就是说，在无限媒体时代，个人的主导地位甚至开始重新定义媒体本身的运作方式。[11]

Facebook是世界上最大的社交媒体平台之一，从它身上我们可以看到这一进步。在Facebook成立10多年后，马克·扎克伯格坚定地捍卫他那句著名的话："我们不是一家媒体公司。"但2016年，在Facebook首席运营官谢丽尔·桑德伯格（Sheryl Sandberg）和马克·扎克伯格共同进行的公开年终评估中,扎克伯格不得不修改这一声明。他在年终总结中说,Facebook"不是一家传统的媒体公司"[12],一个重要的原因是它不会自己撰写平台上出现的新闻。但他不得不承认,Facebook 社交网络"不仅仅分发新闻,还是公共话语的重要组成部分"。他真正想说的是,Facebook 是一家媒体公司,只是它看起来不仅和其他任何类型的媒体公司都不同,而且也和任何在它之前出现的公司不同。

这种媒体重塑背后的力量部分源于个人噪声"被许可"的性质。回到 1999 年,电子邮件成为营销最新且最好的媒介,这也是塞思·戈丁的畅销书《许可行销》出版的时候。戈丁描述了许可的力量如何带来更高的客户黏性,因为人们更容易接触他们要求得到的东西,而不是他们没有要求得到的东西。在最近的一次谈话中,戈丁告诉我:"这要追溯到我们小时候学到的教训。给别人讲一个敲门笑话和直接跑过去大声嚷嚷是有很大区别的。人类互动的本质一直都是双方同意——这一事实被持续百年的'中断'抹去了,因为媒体需要广告费来为自己买单。但消费者从来都不喜欢这样。"今天,许可已经成为我们整个媒体环境的指导原则,而不仅仅适用于电子邮件。连噪声也需要被许可,也就是说,营销部门在创造体验时必须不断寻找机会以获得许可。

许可有多种形式，如点赞、加为好友、关注和订阅。一旦个人给予了企业许可，营销就可以在既定的轨道上进行。比如领英（LinkedIn），这家专业的社交网络公司要求客户获得在平台上与另一个客户直接交流的许可。但这只是开始。许可是分层的，这让领英能够更深入地参与客户的个人世界。

假设一个前同事（你已经允许他进入你的社交网络）找到了一份新工作。如果你启用了电子邮件通知功能，领英会给你发电子邮件，把这个新闻告诉你；如果你的手机上有领英的应用程序，它会显示一个徽标（其广为人知的名字是"死亡红点"，用来提醒你今天还有一件事情需要关注）；它甚至可能会在你的移动设备主屏幕上"弹出"一个通知，这个通知将直接引起你的注意。这些策略诱使你访问领英，这样你就可以知道你的同事有什么新鲜事了。你明白这不是惊天动地的消息，但好奇心驱使着你。你想和你的前同事保持联系，所以你也在领英上拥有了账号，并成为黏性客户。这是通过许可媒体来接触消费者的最令人印象深刻的部分：你有取得突破、激励和满足消费者欲望的能力，这是在营销理念中从未出现过的。

假如你收到Fitbit的通知，它让你多走100步，或者你收到谷歌地图的交通通知，它让你改变你每天开车上班的路线，你会有什么反应？在你阅读本书的时候，你的手机可能会收到通知，它告诉你 10 分钟后有一个会议，你会有什么反应？个人媒体改变消费者行为和激励一个人行动的力量，远远大于任何曾经存在的其他形式的媒体，而没有许可的话，这一切是不可能实现的。

营销人员如何取得成功？用体验，而不是用消息

我们已经看到，有限媒体时代的静态信息已经无法说服今天的消费者采取行动了。人们觉得广告很烦人，所以轻轻松松就把它们屏蔽了。那么，企业如何才能突破这个障碍并触达客户呢？要通过当下的场景给他们提供体验。

这是无限媒体时代带来的第三个转变。我们已经进入了一个新的世界，产品和服务已经变得商品化，商业价值开始演变为体验。例如，在你观看 CNN（美国有线电视新闻网）的新闻之前，屏幕上会出现自动播放的视频广告，这可以被视为一种体验，尽管它不是理想的体验。约瑟夫·派恩和詹姆斯·吉尔摩在他们的《体验经济》一书中写道，创造最高经济价值的业务是一种帮助个人成长或扩大其可能性的体验。[13] 这些不是传统意义上的消费者体验，我们谈论的是整条业务线的体验，

包括售前和售后的体验。

本书的前言以宜家为例，讲述了该公司如何利用收购TaskRabbit 的机会，为客户提供更积极的无缝连接的售后体验。这一策略正在发挥作用。TaskRabbit 的首席执行官史黛西·布朗-菲尔波特（Stacy Brown-Philpot）在接受采访时表示："现在，越来越多的消费者会通过宜家的网站购物，因为有了 TaskRabbit 的服务，他们还会买更多的东西。"[14] 通过提供更好的体验（在这里是售后体验），宜家不仅有效地推动了网上销售额的增长，还提高了整体销量。

派恩和吉尔摩的观点是，一个企业的最高价值会根据时代的变化而变化，这符合市场经济的规律。在早期的商业活动中，我们种植或养殖东西并出售。随着我们生产的东西越来越多，商业开始发展，人们学会了加工东西，动物、蔬菜和矿物质转变为商品。事实证明，加工和销售产品比设法获取产品更有利可图。随着时间的推移，更多的产品被制造出来，商业的价值再次进化。定制一种产品变成了将其转化为服务，而今天，即使服务也已经商品化了。这两位作者举了一些例子，比如手机费用套餐和快餐店的一美元菜单，这些都有价格，表明这些服务已经商品化。而同样的模式在达到市场饱和之后，就会出现定制，两位作者发现，定制服务创造了一种体验，他们得出结论：若要让定制体验获得更高的价值，这种定制体验就应该是一种能够改变个人的体验。[15]

派恩和吉尔摩的书已经出版20多年了，今天的无限媒体时代已经开启了一种创造更高经济价值的新方式（正如两位作者在2011年的新版中所述）：将产品和服务转变为能够帮助个人发生转变的体验[16]，就像宜家与TaskRabbit的合作提供的不仅仅是一个书架，还有无缝的个人购物、送货和安装体验。从本质上讲，宜家已经将消费者从一个工人（自己运送和组装商品）转变为一名经理（分配其他人做这些工作）。

这一切对营销人员意味着什么呢？在这个无限的、体验式的时代，每一次互动都是一种体验，都是产品本身，营销从告诉你一些东西变成了这件东西本身。我们来想一想，前者是不受欢迎、不被许可的；后者是被极度渴望、高度许可的，消费者也会为此买单。在这个新时代，作为营销人员，要想取得成功，我们必须专注于消费者在当前场景下所期望的、许可的（只要可能）体验，即场景化体验。

场景化体验有三个基本特征，它们是被支持的、无缝的和动态的。首先，为了成功地执行场景化体验，公司必须将营销与产品脱钩，并从公司的各个层面支持营销发挥功能。因此，营销成为一个更全面的增长途径，超越了仅仅用来增加销售额这一片面观点。打造全方位的消费者体验不仅是营销的重点，也是业务本身的重点。

当企业将注意力转移到创造体验上，并依照革新后的营销理念去做时，企业的财务收益将远远超过同行。这是水印咨询公司（Watermark Consulting）2016年的一项研究发现：在7年的时间里，专注于消费者体验的汽车保险公司的股价比道琼斯财产和意外事故指数高129个点。在汽车保险这一垂直领域，这些公司的业绩水平是那些在客户体验方面表现落后的公司的3倍。更令人信服的是，这一发现适用于该研究涵盖的十几个行业的200家公司。[17]

其次，场景化的消费者体验并不是单一的。它们是一系列无缝的、高度关联的事件——观众体验、购物体验、购买体验、客户体验、支持体验，它们的总和远远大于部分。对个人来说，他们只有一种与企业相关的体验，因为每次体验都是被许可的，所以这是他们想要的。

比如，宜家致力于打造无缝体验，专注于将线上（网店）和线下（实体店）体验贯穿消费者旅程。宜家首席执行官杰斯珀·布罗丁（Jesper Brodin）称之为"实体"。为了实现这一目标，宜家正在减少开设新店的数量，并鼓励消费者使用应用程序来浏览产品目录，在家中体验虚拟产品、浏览虚拟商店、管理购物车，然后（通过 TaskRabbit）雇人送货和组装商品。这样一系列的连续性体验帮助消费者实现了每一刻的目标，激励了消费者的购买动机，并促进了业务增长。

再次，消费者体验必须发生在个人的场景下，因此是动态的。例如，当 Room & Board 想通过自己的渠道（特别是电子邮件营销和其官方网站）创造更好的体验时，它会直接向消费者询问如何做到这一点。Room & Board 认为，人们访问网站是为了寻找一件特定的家具———张桌子或一个沙发，但事实并非如此。人们都在寻找使他们的房子看起来更漂亮或实现更多功能的方法。他们想要"布置一个房间"。当 Room & Board 理解了这个场景，它就开始着力实现每位访客的个人需求。

毫不奇怪，Room & Board 必须开发自己的网站和电子邮件营销，从而动态响应每一位想要布置房间的消费者。每一种体验的创造都依赖于大量的输入：人工智能、店内销售数据和在线行为，以及消费者浏览相似产品的行为这一更大的数据集。最终，Room & Board 与 Salesforce 合作，使用算法实时分析不同的消费者互动，并为每个人创造动态连贯的体验，无论消费者是浏览网站还是收到电子邮件。

因此，今天当消费者登录 Room & Board 的网站时，他们会看到一个展示与其需求相关的特定的房间效果图。房间效果图不仅是对他们浏览历史的再现，而且是对他们目前希望布置的房间的预测。在运用这一高度场景化的方法之后，不出一个月，Room & Board 的线上销售额就增长了 50%，这带来了额外 70 万美元的营收。但胜利并没有就此结束。该公司还使用指导网站动态的算法颠覆了电子邮件策略，让新的场景算法决定何时发送什么内容，以确保公司的电子邮件在消费者有需求的准确时刻创建和发送出去。此举不仅增加了公司网站的流量，而且令人惊讶的是，还增加了线下商店的流量。这么做太对了。参与电子邮件策略的消费者的店内购物消费比未接收电子邮件的消费者多 60%。Room & Board 也开始注意到这个群体的新消费行为：在收到电子邮件后，消费者会拿着手机走进商店，向店员展示（算法为他们选择的）效果图，并询问如何直接查看产品。这就是消费动机。

我们可能很容易忽视 Room & Board 的例子，认为这是一种技术先进但仍然具有高度战术意义的对"合适的信息、合适的时间"的执行。但这种武断的判断忽略了其背后更重要的意义。该公司对网站和电子邮件策略做出改变的动力并不是要达到一定的销售额，而是要提供更好的消费者体验。事实上，正是这种体验使商店销售额增长了 60%，线上销售额增长了 50%，这是非常出色的（虽然它只是次要目标），并且证明了场景营销革命是真实存在的。

* * *

尽管我们中的许多人迟迟没有认识到这一变化，但我们关于什么是营销、如何执行营销以及营销潜在真相的旧观念都已被连根拔起，而革命性的营销理念也已准备好生根发芽。所有这些都意味着，我们需要对我们在有限媒体时代为接触消费者所做的一切提出疑问。那些基本原理已不再适用。在无限媒体时代，无论是媒体渠道还是个人，人们都同样重视一件事：合适的场景、合适的体验。

所有这些都表明，消费者现在有了一个新的决策过程，它超越了人口统计数据所定义的类别。这重塑了我们发展品牌的方式，以及我们激励消费者的方式。现在，我已经描述了媒体环境，我将在下一章中探讨媒体环境对个人和新的无所不能的消费者产生的影响，我将带领你感受当今消费者在实时的、基于场景的不同时刻做出决策的体验。

第 2 章
新消费者,新消费者旅程

营销人员已经为如何弥合数字原住民("95 后")和数字移民(被迫从模拟世界迁移到数字世界的上一辈)之间的鸿沟争论了 10 多年。这些由马克·普伦斯基(Mark Prensky)在 2001 年创造的术语[1],大多被"千禧一代"、"X 世代"和"婴儿潮一代"取代,但关于营销的辩论仍在继续。

然而,在无限媒体时代,这些区别并不重要,尤其是在我们如何激励消费者方面。同样,B2B 营销和 B2C 营销之间的差异也已经不再重要。这是为什么呢?因为正如马歇尔·麦克卢汉(Marshall McLuhan)所说的,"媒介即信息"[2]。他的观点早在数字时代到来的几十年前就发表了,并被人们以各种方式解读。但用麦克卢汉自己的话说,是环境改变了人,而不是技术改变了人。[3]

换句话说，环境的力量是如此强大，生活、社会和个人的方方面面都受其影响。麦克卢汉甚至说，我们对浪漫爱情的想法只不过是印刷媒体的副产品。因此，将我们的营销理念只看作有限媒体时代环境的副产品是不够的。在那种环境下适用的规则——比如代际差异或不同类型的消费者——在今天都已经站不住脚了。我们的环境变了，我们所有人也都变了。

本章探讨了消费者新的决策过程，并阐明了品牌必须如何回应这一变化：用现代的方法接触和激励消费者。

新消费者超越了标签

2018年的一项研究显示，几乎所有的消费者都会在线上搜索产品、评估产品、购买产品，并希望以类似的方式得到服务，不论个人的年龄等人口统计数据或所属的垂直市场如何。[4] 这是我们营销人员必须适应的新现实，我们同时要满足改变了的消费者的期望，由于无限媒体环境的出现（正如麦克卢汉预言的那样），消费者的决策过程大大改变了。

老狗也要学新把戏

许多人误解了马克·普伦斯基对数字原住民和数字移民的区分，认为"老狗学不了新把戏"。但这并不是他的重点。他的目标是帮助教育机构更好地了解其学生，由于年幼时接触数字世界，学生的大脑发育会不一样。

但今天我们知道，人类的大脑，即使是老年人的大脑，也能很快适应数字环境。加州大学洛杉矶分校精神病学教授、记忆与老化中心主任加里·斯莫尔（Gary Small）研究了一组"精通数字技术"（digital savvy）和一组"数字无知"（digital naive）的受试者在接触现代媒体时的大脑功能，他发现这种适应发生得非常迅速。斯莫尔进行了两项测试，一项是为两组受试者分别设定基线，另一项是测试环境暴露对数字无知组的影响。他要求数字无知组连续 5 天每天上网 1 小时，然后回来再次进行测试。在第二次测试后，斯莫尔发现，数字无知组的受试者大脑前部的同一神经回路开始变得活跃。[5] 在网上待了 5 个小时后，数字无知组的受试者已经重新连接了他们的大脑，与精通数字技术组的人一致。

因此，作为营销人员，我们必须考虑到媒体环境对所有个体的影响，因为每个个体都在无限媒体环境中同样地运作。按年龄或其他人口统计方式进行细分不会帮助你突出重围并接触现代消费者，无论他们是千禧一代，还是婴儿潮一代，甚至是老年人。我的祖父从来没有在亚马逊上购物过，但他知道新环境的力量，所以他会让我帮他查看价格并购买。他已经适应了无限媒体时代，虽然他没有接触过互联网。

一个比年龄更有用的区分方法来自研究人员戴维·怀特（David S. White）和艾莉森·勒·科鲁（Alison Le Cornu）。他们的论文《访客和居民：在线参与的新类型》提供了一个更加偏向以行为为导向而不受世代影响的消费者定义。他们认为，消费者行为是一个连续体，而不是二元对立的。一端是"访客"，即那些在互联网上浏览的、主要把互联网当作工具箱的人。另一端是"居民"，他们把互联网视为一个"地方"，在那里他们可以与一群人互动，"他们可以接近这些人，并与他们分享生活和工作"[6]。

今天的消费者处于这一连续体的某个位置，而那些仅仅被视为数字移民或婴儿潮一代的客户，正在与无限媒体环境接触，以改变他们的行为，因为他们看到了这个环境提供的好处。根据2017年Salesforce对全球7 037名消费者进行的研究（《互联时代客户状况调研报告》），72%的婴儿潮一代消费者强烈认为，新技术让他们比以往任何时候都更好地做出产品选择。[7]该研究还证实，虽然千禧一代和其他人口统计群体在期望、行动等方面存在差异，但群体之间的差异比传统上人们认为的要小得多。在我们提出的100个问题中，千禧一代和婴儿潮一代的回答只有12%的差异，比如，你愿意分享个人数据以获得更好的体验的意愿有多强？以奖励的形式进行的品牌传播如何影响你对品牌的忠诚度？通过移动设备进行价格比较有多重要？简而言之，我们的数据表明，如果千禧一代中100%的人都有特定的行为方式，那么婴儿潮一代中88%的人也有相同的行为方式。

后人工智能时代的消费者

无限媒体带来无限的网页、电子邮件、答案和内容。然而，管理这一庞大的领域远远超出了人类的认知能力，因此，所有媒体渠道将很快引入人工智能来帮助消费者（如果它们还没有这么做的话）。这甚至也适用于印刷媒体，因为人工智能允许个人作品在一系列要素的基础上被打印并发送。劳氏家居店已经开始使用人工智能来制作邮件，利用个人在店内的购买数据、网站行为和天气模式,为每个人制作并发送独特的邮件。今天,消费者与无限媒体的每一次互动都会首先经过一层人工智能的过滤,这层过滤会将最相关的场景化体验呈现在消费者眼前。这个新的现实就是应对现代消费者行为的策略。事实上,专家预测,到2025年,品牌和消费者之间95%的互动都将通过人工智能进行。[8] 我们重点来看看5种最常见的媒体体验——搜索、网站、社交、电子邮件和语音,从中我们可以看到人工智能如何重塑消费者的行为,这为我们必须做出的反应奠定了基础。

每个搜索引擎,无论是雅虎、必应,还是亚马逊,都是由一些地球上最大和最强的人工智能驱动的,它们会在几分之一秒内给客户返回一份完美答案列表。这种力量已经在很大程度上改变了消费者的行为,进而侵蚀了我们长期以来关于消费者行为的许多观念,改变了我们的应对方式。

人工智能给消费者带来的第一个重大变化是改变了后者寻找内容的方式:他们现在明白,搜索引擎比品牌网站更强大。这就是为什么消费者在品牌网站上的平均页面浏览量下降到两页以下。消费者认识到，人工智能会更好地回答他们的问题，这比个人在网站上摸索要好得多。如果他们没有立即得到自己想要的，他们就会立马使用搜索引擎。

回应这种新的消费者行为意味着重新思考我们设计体验的方式。像网站这样的体验通常是为"流动"而设计的——品牌希望消费者从一个页面移动到另一个页面，依照自己的喜好设置网站的按钮位置或大小、提供的内容、副本或颜色。但数据很清楚：流动没有了。后人工智能时代的消费者不会浏览第二页，因为他们知道，更好的体验在别处等待着他们。这就是为什么营销人员在2019年使网站上的人工智能使用量增长了275%[9]，利用人工智能为每个消费者实时创建个人网络体验。人工智能通过跟踪每个人的个人行为，以及访客的总体行为，就能知道该创造什么。结合这两个数据集，它不仅知道这个人在寻找什么，还知道哪些其他人也在寻找同样的东西。所有这些都使得人工智能能够在任何时刻都创造最吸引人的体验。消费者不需要深入网站去寻找他或她想要的东西，人工智能会将这些东西呈现在消费者面前。

电子邮件是人工智能帮助呈现最佳体验的另一个很好的例子。人工智能已经通过过滤垃圾邮件和恶意邮件，或将促销邮件放在不同的文件夹中来管理你的电子邮件。接下来，对于你的收件箱，它又做了同样的事情。只有来自你以前接触过的企业和个人的邮件才会进入你的主收件箱。如果你正在使用的工具、电子邮件程序或即时通信应用程序还没有做到这一点，那么这只是时间问题。原因很简单，人工智能通过帮助人们过滤噪声，让消费者获得更好的体验。

虽然有了人工智能帮忙过滤收件箱，但人们仍然在学习如何自己管理过剩的内容。人们通常通过浏览主题并删除无用的内容来做到这一点。也就是说，消费者依靠不到100个字符的文本来确定一封电子邮件的价值。这是一种新世界的习得行为。营销人员必须通过即时通信学习新的参与方式来应对。我们不应该写大量邮件，而是应该根据消费者在消费者旅程中的确切位置来发送信息，这是一种只针对那一刻的个人体验。

后人工智能世界的第二个重要组成部分是社交媒体。2015年，Facebook表示，一个客户每次登录时都会有超过1 000条帖子等着他，然而客户在滚动页面时可能只看到几十条。同样是人工智能决定着我们能看到哪些，一些帖子在几分钟、几天、几个月甚至几年前就已经发布了。所以，社交媒体的推送不是按时间顺序的，而是与场景相关的。再一次，消费者接触的是与场景最相关的体验，这在消费者旅程中创造了新的体验。为了做出回应，品牌在生产社交媒体的内容时必须考虑场景。花10秒钟想一个简单的模因，就像你花3周时间制作一个信息图表一样有可能取得突破。场景，而非内容，才是其有效性的决定因素。

后人工智能时代的消费者不仅被技术赋能，还被技术改变了。现在，消费者只能获得基于场景的体验，他们对这些体验的渴望正在提升。新世界让消费者改变得如此之快，他们现在认为，体验和你销售的产品或服务一样重要。这就是为什么营销人员必须成为所有体验的负责人和维护者。

当你思考过去媒体发展的时间轴时，你会发现，所有消费者如此迅速地接受某个媒体是有道理的。文字花了几千年才传播开来，印刷术用了几个世纪。但在我们开始引入电视后，在美国，电视机进入了74%的美国家庭，仅用66年就达到饱和了。[10] 下一个重大的技术进步是互联网，它被大规模接受（75%）花了不到30年，大约是电视所用时间的一半。最后，社交媒体到来了，它被74%的人口接受花了不到14年。像Facebook Messenger、WhatsApp、微信和LinkedIn Messenger这样的即时通信应用程序在总使用量上已经超越了社交媒体，在不到7年的时间里就实现了大规模使用。下一步是什么呢？聊天机器人现在已经进入了这个领域，80%的美国企业期待使用它们。[11] 2018年，iPhone的和安卓的操作系统都加入了增强现实技术。[12] 因此，按照同样的轨迹，我们也许应该期待高度沉浸式的增强现实体验在21世纪20年代中期成为所有消费者使用工具的主流。新媒体技术不仅在普及时间方面缩短为之前的一半，而且其应用的间隔时间也缩短了，间隔时间还在加速变得越来越短。

是B2C还是B2B？都不重要，风险才重要

消费者行为方面的代沟不是唯一一个让大多数企业和营销

人员误解的概念。许多人还认为，B2C 消费者比 B2B 消费者更容易受到媒体环境变化的影响。但 Salesforce 在 2017 年的全球调查中发现了相反的情况：83% 的 B2B 消费者感觉，因为科技的力量，他们变得比以往任何时候都更加消息灵通，而在 B2C 消费者中，持这一看法的人数比例只占 75%。[13] 在所有类别中，新环境对 B2B 消费者的影响比对 B2C 消费者的影响更大（见表 2-1）。

表 2-1 B2B 消费者和 B2C 消费者的态度

B2B 消费者和 B2C 消费者的态度	B2B	B2C
科技让我比以往任何时候都更容易把业务转移到其他地方 [a]	82%	70%
科技正在重新定义我作为消费者的行为 [b]	76%	61%
科技极大地改变了我对公司应该如何与我互动的预期 [c]	77%	58%
我希望我购买的品牌能够与我实时互动 [d]	80%	64%

a. Salesforce, *Customer Experience in the Retail Renaissance*, 2018, https://www.Salesforce.com/form/conf/consumer-experience-report/?leadcreated=true&redirect=true&chapter=&DriverCampaignId=70130000000sUVq&player=&FormCampaignId=7010M000000j0XaQAI&videoId=&playlistId=&mcloudHandlingInstructions=&landing_page=.

b. Salesforce, *State of the Connected Customer*, 2019, https://www.Salesforce.com/company/news-press/stories/2019/06/061219-g/.

c. Salesforce, *State of Marketing*, 2016, https://www.Salesforce.com/blog/2016/03/state-of-marketing-2016.html.

d. Salesforce, *State of Marketing*.

同样的敏感性也适用于产品售后服务。我们的数据显示，60% 的 B2B 消费者认为获得应用内支持非常重要，而在 B2C

消费者中，持这种观点的人数只占43%。此外，82%的B2B消费者表示个性化服务会影响他们的忠诚度，而这一比例在B2C消费者中仅为69%。B2B消费者还对数字化的未来抱有更高的期望。63%的B2B消费者希望他们的供应商能通过增强现实技术提供客户服务。

新体验是多模式的

2019年，谷歌宣布其在全球市场上拥有超过10亿个虚拟助手。[14] 每个助手都是一个我们世界的新界面，它们改变了所有消费者的沟通方式和需求。你如果能通过说话来提出要求，为什么还要在搜索框里打字？你如果可以直接告诉店员要购买什么，为什么还要点击？语音识别技术的迅速崛起，加上技术能力的极大提高，正在创造新的流畅的多模式对话。就像我们已经熟悉了通过多种渠道工作（为了与消费者保持联系）一样，现在我们必须进一步确保这些时刻也是多模式的：不仅以新的形式交流，而且要学习创造全新的体验。

今天，我们的大多数数字体验都是图形化的，这意味着一个人会通过图像来导航和完成任务，比如通过一个网站或者电脑桌面。在图形界面出现之前，数字体验是基于命令的。人们需要使用基于 DOS 的命令来访问和运行程序。比尔·盖茨用 GUI（图形用户界面）改变了这一点，而微软 Windows 的发明让我们见识了点击的力量。在无限媒体时代，语音识别和对话界面的兴起意味着网站上的点击按钮和图形界面导航将会消失。为什么？就像 GUI 比 DOS 更好一样，在许多情况下，对话比指向和点击更快，更适合完成手头的任务。

例如，我需要点击 7 次才能通过银行的网站进行支付。像艾力银行（Ally）这样有机器人助手的银行现在可以让消费者简单地告诉机器人该给谁付钱和付多少钱。目标是不需要点击，用很少的努力就可以完成支付。在许多情况下，对话界面在完成任务方面比 GUI 快得多，但不是在所有情况下都如此。

当语音开始改变消费者的行为时，我们必须牢记人们对效率的需要。有时，对消费者来说，看比听更快。以产品选项为例，如果我问"Alexa，男鞋的最新款设计有哪些",我仍然希望看到它们,因为比起听,看让我能够更好地判断产品。作为营销人员,我们需要考虑这种场景差异。这就是多模式真正发挥作用的地方。我们必须预先做好准备,创造符合消费者需求的体验,这意味着他们可能会使用语音识别提出问题,但希望答案显示在屏幕上。今天的对话就结合了所有的媒介。

除了语音,消费者正在使用新的图像格式来交流。在《2019年互联网趋势报告》中,玛丽·米克尔(Mary Meeker)引用了Instagram(照片墙)公司联合创始人凯文·斯特罗姆(Kevin Systrom)的话,他认为,当视觉图像用于交流变得越来越困难时,"写作是一种黑客行为"[15]。他写道,我们一直都是视觉交流者,我们只是停了一段时间,直到图像又变得更容易创建,就像今天一样。在同一份报告中,米克尔还指出,2017年,人们创造了超过一万亿张图片。每天我们都有新的图像"语言"格式,比如表情符号、图形交换格式(gif)和模因。

关键在于,消费者正在使用视觉效果进行更多的沟通,营销人员必须去适应,不仅要自己使用它们,还要学

> 习如何用图像为非传统的沟通打开大门。例如，如果一个客户分享了一张关于你产品的图片，他希望从你这里获得的反应可能只是简单的点赞图片或表情符号。消费者将这样的品牌行为视为一种确认，即传达"我听到了"或"谢谢"。而且，不只千禧一代在进行这样的交流，这是我们所有人通过在无限媒体空间中操作而学会的行为。
>
> 随着媒体渠道的扩大和分化（比如 Reddit、Quora、TikTok、微信、Fortnite 的出现），以及输入方法（语音、图片、打字）的持续增加，我们营销人员必须时刻关注消费者的需求，以确保我们能提供他们想要的体验。

如果 B2B 和 B2C 消费者行为的差异在无限媒体环境中不再重要，那么什么重要呢？答案是，与购买相关的感知风险。购买的风险越大，消费者考虑的问题就越多，销售周期也就越长。因此，我们应该根据购买过程中涉及的考虑多少来对消费者行为分类，而不是根据垂直业务或其他任何因素来分类。一般来说，这意味着传统的 B2C 购买大多是低考虑成本的（风险较小），而传统的 B2B 购买是高考虑成本的（风险较大），但例外情况甚至使这一宽泛的说法受到质疑。

例如，预订非洲游猎旅游的消费者更像是传统的 B2B 消费者，因为他们的决定伴随着风险。与在另一个大陆每周花费 10 000 美元相比，周末在离家 3 小时车程的地方预订 600 美元的酒店的风险要小得多。这样，消费者就会对支付游猎旅游的费用给予更多考虑，并表现出截然不同的购买行为。此外，即使是购买同一款游猎旅游产品的消费者，他们也会根据自己感知的风险而表现出不同的消费行为。熟悉游猎旅游市场的消费者就会认为风险没那么高，他们的决策过程往往更短。

为了与无限媒体时代同步，商业领袖和营销人员必须丢掉我们对各种类型的消费者先入为主的偏见，并拥抱基于感知风险的新的消费者决策旅程。我们还必须考虑这样一个事实，即现在几乎所有的决定都是深思熟虑的决定，而消费者是在一个非常个性化的场景下做这些决定的。

新消费者旅程

每个营销人员都知道，现代人的决策过程已经发生了变化，因为销售周期变得更长，人们对内容的需求变得更多（这只是众多因素中的两个）。我们都在努力使新的需求去配适一个美好的、简洁的消费者旅程。不仅仅是营销人员，咨询公司也已经投入了相当的研究和努力，通过发布各自版本的"新消费者旅程"来帮助品牌理解这一转变。像天狼星决策需求瀑布（Sirius Decision Demand Waterfall）这样的架构图将流程分解为以下步骤：查询（向内或向外）、营销资格、销售资格、成交和口碑传播。其他模型则使用认知、考虑、购买和口碑传播这类术语。

但考虑到今天的环境，这些模型都犯了一个常见的错误：认为消费者旅程始于品牌认知。这在麦肯锡公司的描述中体现为："消费者考虑最初的一组品牌，基于的是品牌认知和最近遇到的接触点。"[16] 然而，对今天的消费者来说，决策这个过程早在他们还没认识某个特定品牌时就开始了，然后他们就走上了一条完全不同于他们在有限媒体时代所走的道路。在无限媒体时代，营销人员需要理解，消费者的决策过程（对我们来说，这就是消费者旅程）实际上始于一个触发因子：当一个人想要改变某件事的时刻。

触发因子

某一个触发因子可能是你的老板让你去找一个新工具，或者是朋友在社交媒体上发文，展示了一副漂亮的新眼镜；也可能与情感有关，比如和配偶吵架，或者是身体上的，比如觉得肚子饿了。不管具体情况如何，关键是所有的消费者旅程都是由这样一个触发因子开始的。

对营销人员来说，这是一个重大的视角变化。场景营销不是像我们曾经做的那样，试图通过吸引人们的注意力来让他们想要什么东西，而是利用和引导一种存在的欲望，一种从触发因子冒出来的欲望。

我们把触发因子想象成伞状的起点位置，消费者可以从这个起点移动到消费者旅程中的任何一点，这取决于他们已经掌握了多少信息去做决定。换句话说，触发因子启动了消费者旅程，或者他们可以沿着已经走过的路径重新开始或继续前进。

例如，如果有人追尾了你的汽车，把车的后挡泥板撞了下来，你可能会开始找律师起诉对方，或者至少找个汽车修理厂去维修。在事故发生前，你不会想要去修车。在事故发生之后，这些需求就成了当下最重要的事情。这是一个启动消费者旅程的触发因子，让你至少会购买一项服务。但如果你的汽车损坏不大，只是在车身上出现了一个小凹痕，而没有什么真正的问题呢？你就不会想要花心力去寻找维修服务或律师，但你会去谷歌上搜索，询问朋友的建议，或者联系一两家汽车修理厂，心想你早晚要把车身上的凹痕修复——可是你通常会把这个过程搁置下来。然而，几天后，其中一家汽车修理厂给你发了一封电子邮件，告诉你修复凹痕需要支付的大概费用。这是一个触发因子，让你重新回到消费者旅程中，但你是从一个不同的点开始的，这个点会更加深入，而非最初的起点。

所以，触发因子可能发生在消费者旅程中的任何地方，而且每个人的触发因子都是不同的。还需要注意的是，有些触发因子比其他触发因子更强大，通常来说，触发因子分为两种：一种是自然触发因子，这是发生在人身上的（如车祸）或人们在一天中自然发生的；另一种是定向触发因子，这是可以由品牌直接推出的，比如销售人员发送电子邮件，在消费者访问网页时启动聊天机器人，或者直接通过社交媒体进行互动。现代营销人员的主要角色之一是在消费者旅程中识别自然触发因子，并通过自然触发因子努力确保他们的品牌就在消费者旅程之中。

接下来，我们将看看在消费者体验了一个触发因子（任何一种）之后会发生什么，这意味着个体开始了新消费者旅程的6个阶段。正如我所构想的，这些阶段包括构思、认知、考虑、购买、成为客户，以及口碑传播。然而，要注意，当今消费者行为的另一个关键方面在大多数关于消费者旅程的讨论和模型中都被忽略了，我称之为批次处理（batching）。

批次处理：无限媒体时代的消费者行为

对于无限媒体，批次处理是一种非常人性化的反应，它指的是两种行为。第一种是消费者搜索一个问题的答案，然后将这些答案搜集于一处。第二种指的是消费者经常在短时间内就许多问题进行批量发问。这两种行为是激励现代消费者的关键，以下则是原因。

在消费者旅程的每个阶段，个体都有一个目标，而这个目标会根据阶段的不同而不同。例如，在构思阶段，个体的目标可能是测试一个想法，看看它会走向哪里。但是在认知阶段，个体的目标可能就是找到可能的解决方案，获得更多信息，找到解决方案的提供者——或者三者都有。

激励消费者的关键是，要了解目标是如何通过批次处理完成的，以及品牌如何利用批次行为（以一种将一人推向下一个问题、目标或阶段的方式）。例如，如果一个消费者处于认知阶段，她的目标是找出"什么样的电脑包最好看",这个人会在4个不同的网站上寻找答案,总共花费一分多钟。[17]因此,如果你的品牌能够尽可能多地出现在这些网站上,它就更有可能突出重围,建立信任,控制叙事,然后引导消费者到达旅程的下一站。

批次处理也指消费者经常快速、连续地问很多问题。每一批问题都衍生出另一批问题,然后是再一批问题,只要消费者愿意。所以,回到"什么样的电脑包最好看"这个问题,搜索结果中可能会出现一篇关于最新科技设备的文章,消费者会了解到今年最流行的电脑包是将再生材料与皮革结合在一起。然后她又浏览了3篇文章,发现最受欢迎的颜色是黑色配棕褐色。消费者现在改变了她的目标,她想找到质量最好的双色包,这开始了另一轮批次处理,最终指向购买。整个消费者旅程可能只需要几分钟,也可能停下来,在一整年或更长时间后重新开始。

通过理解现代消费者的批次处理行为,营销人员开始设计易于进行批次处理的内容、程序和体验,以便我们高效地、反复地满足消费者当下的需求,并以一种新的方式激励他们。

> 批次处理也显示，我们应该重新思考公共关系部门的角色，以及任何利用大众媒体对我们的品牌进行叙事控制的尝试。叙事控制也被称为广告曝光占有率，它着眼于在任何一个时间点的所有媒体形式中衡量品牌的知名度。但在无限媒体时代，唯一能够推动消费者旅程以及驱动需求的叙事控制就来自消费者搜集的答案。消费者通过一种极其复杂的个人路径来寻找答案。他们这样做不仅是因为他们可以这样做，还因为比起品牌的信息，他们更相信自己的搜索和经验。这是当今环境的一个关键方面，任何营销人员都不能忽视它。我将在本书的第三部分更详细地探讨批次处理。

被触发之后：新消费者旅程的 6 个阶段

一旦一个触发因子启动（或重新启动）了买方的决策过程，消费者将体验下图的 6 个阶段（见图 2-1）。注意，触发因子代表在任何阶段都可以发挥作用的触发因子；触发因子之下是消费者旅程的 6 个阶段，从构思开始，到口碑传播结束。（请注意，虽然口碑传播也被我在本章提到的其他营销模式列为最后阶段，但在无限媒体时代，营销人员促进口碑传播的方式是完全不同的，你将在本书后面的内容中看到。）最后，请注意，图中字母 r 表示决策涉及的风险，每个阶段周围的箭头表示批次处理。（回想一下，根据消费者对购买决策的风险感知，批次处理的数量是如何增加的？）

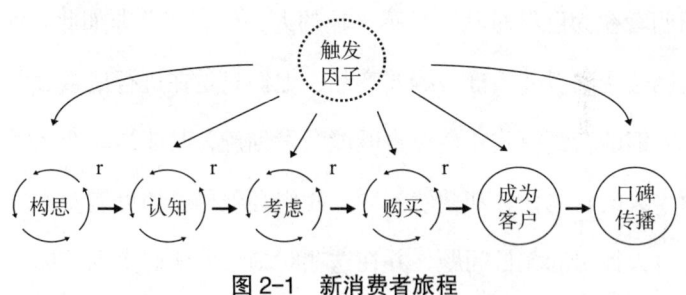

图 2-1　新消费者旅程

现在，让我们简单地看一下这个过程的前 4 个阶段，即构思、认知、考虑和购买。在本书的第三部分中，我们将对每个阶段进行详细探讨，包括第 5 个和第 6 个阶段（成为客户和口碑传播）。

构思阶段

想一想，因为消费者可以接触如此之多的信息，所以他们寻找解决方案时，并不是像麦肯锡和其他公司认为的那样，从搜集一群供应商开始。今天基于场景的消费者旅程从一个触发因子开始，然后移动到构思：消费者心中有一个目标，并开始处理它。触发因子可能是一项新的驾驶规定，或者你的配偶要求你打扫卫生。这就引出了一系列的问题和答案，帮助消费者首先厘清他们的思路——"怎么去购买窗帘"或"如何遵守规则"。这个目标是通过我在前文描述的批次处理来实现的。所有这些都引出了一个重要的问题：尽管企业通常把所有的网站访问者视为已经对其产品感兴趣的人，但事实并非如此。96%的网站访问者并不准备购买产品，他们只是在进行搜索。[18]

旧的营销模式相信广告既能激发创意，又能推动产品需求，而今天的营销任务却截然不同：我们必须尽一切可能发现消费者每天提出的大量问题，并在这些时刻帮助他们实现目标。做不到这一点的品牌将无法生存。很多问题成为自然构建现代消费者旅程的批次（批次的数量由风险水平决定）。

除了通过各种搜索引擎进行查询，许多人还使用Pinterest（拼趣）、印象笔记和Houzz（居家设计网络公司）等应用程序（这些我认为都是"创意应用程序"），来帮助他们形成和管理自己的愿景和计划。在消费者旅程中使用这些应用程序的人可能还处于早期阶段，但这些人有更高的购买倾向。最近的一项研究表明，93%的Pinterest用户之所以使用该应用程序，是因为他们要么计划购买，要么正在选购中。[19]

当客户提炼他们的想法时，他们会发现自己需要什么，并组合他们自己的购买标准。这时他们会通过品牌内容和大量的评论遇到供应商，以及这些供应商的客户。在构思阶段，客户会充分体验几个不同的品牌，其中最能够帮助消费者实现目标的品牌才有能力引导他们走向消费者旅程的下一站，激励消费者的行动就此开始。

这就是为什么识别和解释构思阶段对场景营销来说如此重要。连麦肯锡也认识到了这一阶段的重要性，但不知何故，它并没有在自己的模型中列出这一阶段。麦肯锡的研究得出的结论是，客户与其在消费者旅程的最初阶段遇到的品牌达成购买的概率是与不在这个阶段的品牌达成购买的概率的 3 倍。[20] 你越早建立信任，对下游产生的影响就越大。

这一切意味着什么呢？品牌应该花费大量的时间和精力来准备和定位自己，以此在构思阶段就能够支持消费者。

品牌需要出现在消费者正在进行搜索的任何地方，它们需要提供各种满足或超过消费者预期的答案，其策略焦点是引导消费者进入下一阶段。

例如，我们假设，一个 30 多岁的男人——比尔决定买几件新衣服。这是他的触发因子。最有可能的是，比尔会上网搜索让自己看起来焕然一新的最佳方法，搜索结果将为他的消费者旅程设定标准。比尔搜索"最佳秋季时装"，首先，他在

Elle.com 上看到一篇关于女性流行时尚的文章。比尔回到谷歌，添加搜索词"男式时装"，再次尝试。然后，他浏览搜索结果页面，打开几篇他想读的文章。他看了前两篇，发现大多数建议都要求他买满满一衣柜的衣服。最后，他读了第三篇，这篇文章说，买一双新鞋是打造"秋季形象"的简单方法。现在他的头号标准变成了买一双新鞋。比尔的想法确定下来，他现在进入了认知阶段，开始了寻找一双鞋的旅程。

然而，请注意，就像比尔很容易被吸引去买新鞋一样，他的消费者旅程也可以让他以不同的方式获得新形象——买一件亚麻衬衫，给头发做一个造型，或者买一条千鸟格休闲裤。我们将在第三部分回到构思的话题，但现在，我们要明白，品牌尽可能早地参与消费者旅程绝对是重要的。你越早帮助他们实现目标，就能越早建立信任，并推动消费者对你的品牌产生更大需求。

认知阶段

一旦比尔有了添置新鞋的想法，他就有了一个新目标：找出最适合自己的鞋子。为了实现这一目标，他必须了解各种款式的鞋子，从而进入认知阶段，他开始进一步搜索鞋子的款式和材质。

同样，很可能是在同一个浏览器页面中，比尔又进行了另一项搜索："最好的秋季鞋款，男式"。但他再次面临着大量的内容选项，他决定浏览图片结果，在网站之间来回跳转，每次看上一双鞋子，他就点击图片，然后访问该网站。最后，他意识到自己想要的鞋款是"孟克鞋"。他回到谷歌搜索"最好的孟克鞋，男式"，然后直接进入图片搜索。他终于看到一双让自己感到十分满意的鞋子，但他的消费者旅程还远没有结束。

考虑阶段

比尔现在很确定他想要这种孟克鞋，他心里已经有了一款中意的。但是因为比尔的脚很窄，在下单之前，他还有一些问题要咨询。例如，这双鞋比较宽还是比较窄，质量如何？比尔通过阅读 3 篇评论来确认鞋子的质量，并迅速将这些动作进行了批次处理。从评价来看，他对这个品牌很满意，所以他继续使用该品牌网站上的 True Fit（服装和鞋品个性化服务平台）应用程序来查看是否合脚。

另外，比尔可能会在这个阶段搜索不同的颜色和款式。如果这些问题可以在网页上很方便地搜索到，他就会留在网站上；如果不是，他就会返回谷歌去搜集另一批答案。最后，比尔缩小了他的欲望范围，并准备采取下一步行动：满足这个欲望。

购买阶段

在购买阶段，消费者关注的是交易的最终细节：价格、送货方式等。为了确保以最优惠的价格买到，比尔根据他想买的鞋子的具体细节进行了搜索："蓝色麂皮孟克鞋，鞋码10M，品牌约翰斯顿·墨菲，售价200美元以下"。比尔再次在不到1秒的时间内得到了一份高度相关的结果列表。他看到所有的价格都是一样的。但比尔是个喜欢打折的人，他还做了一件事。他搜索了这个品牌的优惠券，发现优惠券网站上有一个打9折的折扣。最后，比尔点选他的购物车，买下了这双鞋子。当交易完成时，他很兴奋，觉得自己真的可以在换季时焕然一新了。

比尔的整个消费者旅程由多批次处理的答案组成，而且持续的时间不长，可能只有几分钟，而不是几个小时。他对消费品的考虑水平（中等，不高也不低）是他的提问能力带来的结果，而他买鞋的动机是他在消费者旅程中发现的经验的直接结果。现在，比尔的消费者旅程进入了品牌的"法庭"，这取决于鞋子品牌能否创造一种美好的消费者体验，并且把个人从消费者变成口碑传播者。我会在第三部分讲到这些。本小节的重点是展示比尔在快速、连续的搜索中遇到了多少不同的品牌体验。在消费者旅程的每个阶段，批次处理都是一种启发式的行为（我们的媒体环境教会了我们——没错，又是麦克卢汉），越来越多的消费者表现出这种行为。为什么？因为这是消费者在无限媒体时代选择使用他们所拥有的巨大权利的方式。

* * *

消费者旅程的概念并不新鲜，新的是我们必须处理它、管理它和使用它的方式。品牌必须拥抱消费者的自由，并认识到，当消费者沿着自己的消费者旅程被引导时，他们感到最有购买动力。这段旅程会随着时间的推移而完整展现。这是品牌体验的副产品，它在某种程度上突出重围并深深触动了个人，因为消费者是在他的个人场景中遇到的品牌，并且已经被打动，在基于场景的革命中迈出了下一步。

接下来，第二部分将考察场景的五大要素，这样我们就会知道在每个时刻必须做什么了。

第二部分
场景如何在营销中起作用

第 3 章
场景架构图：冲破噪声

在过去的有限媒体时代，营销意味着在晚间电视情景喜剧的间歇播放汽车广告。每个看情景喜剧的人都会看到这则广告，但只有一小部分观众可能有兴趣买一辆新车。当然，这样的广告在今天仍然存在，但正如我们在第一部分中学到的那样，在无限媒体时代，它并不是很有效。为什么这么说？因为当人们试图在最喜欢的电视节目前放松一下时，屏幕上闪现的汽车广告与场景无关。也就是说，该广告与消费者当时正在做什么无关，而且很可能也不受欢迎。因此，如今的人们可以选择各种各样的节目，然后把他们最喜欢的节目录下来，等以后再看（如果网飞或 Hulu 之类的网站还没有播出的话），然后把广告快进。

正如我们在第一部分看到的，场景营销在传统营销无法起作用的地方取得了突破：它在特定时刻满足消费者的期望（而不是试图吸引他们的注意力）。但它也创造了一系列相互联系的时刻，在心理上引导消费者走向他们特定的消费者旅程的下一站。还记得特斯拉是如何做到这一点的吗？他们可没有在情景喜剧的间歇播放汽车广告。

回忆一下，场景营销通过重新定义参与者（营销的角色）、我们如何做营销（营销的执行）以及我们做什么（营销的范围）来激励消费者。在第二部分接下来的5章中，我们将探究"做什么"，即场景。场景的概念是场景营销革命的核心。

为了帮助你和你的品牌采用这种新的营销理念，并打造出高效能组织，我创建了一个架构图来实现和衡量某一时刻的潜在场景。具体来说，为了在场景中满足客户，营销人员需要塑造的客户体验包括：（1）可得即用；（2）客户许可；（3）个性化；（4）真诚同理；（5）价值观明确。

在仔细观察这个架构图之前，首先让我们理解，冲破噪声并与消费者相遇只是一个开始。更确切地说，这是场景的循环，使我们能够建立可靠和可持续的途径，将我们的品牌和品牌受众通过消费者旅程相连接。

场景循环

我们现在和过去有限媒体时代最大的区别之一就是记忆的概念不同了，不是我们个人的记忆，而是环境的记忆。有限媒体时代没有记忆，它不知道你是否读过上个月的 newsletter（电子报），而无限媒体时代完全不同，记忆被用来确定场景。人工智能跟踪每一种体验和与之关联的体验，同时关注消费者的参与，以确定未来的结果。在这种情况下，场景成为一个循环。场景促成客户参与，客户参与又标志着更大的场景，从而增加其未来的影响力。

在这种复合效应中，一个品牌、它的受众以及二者共同创造的体验不断地获得更大的场景和更可靠的受众。随着时间的推移，这3个部分的共同作用不仅仅在于提升一个时刻。它们也提高了未来的体验突出重围并接触消费者的可能性，比如下一次谷歌搜索、新的电子邮件或社交帖子。为了理解场景循环是如何工作的，我们首先需要了解存在于我们所有设备和程序中的人工智能是如何运行的。

人工智能总是在寻找为客户提供场景化体验的方法。为了确定场景，它会考虑很多因素，比如是谁创造了体验以及体验的主题是什么？同时，谁是参与其中的客户，一名母亲，一个老板？身处其中的个人是否有类似的体验？是否有人和这个人有类似的体验？人工智能在个人和经验之间识别的这类因素越多，场景范围就越大，企业就越有可能突出重围并接触消费者。请注意，这些数据会被持续跟踪、记录和引用，每一个业务项目都被添加到分类账中，并将改变未来的结果。

这样的循环并不是新鲜事，它一直在网页和SEO（搜索引擎优化）方面发挥作用。在谷歌搜索页面上脱颖而出的结果是主题相关性和体验吸引程度的结合。人们会点击并访问网站，然后立即离开吗？或者他们会在网站上花10分钟浏览多个页面吗？脱颖而出不仅意味着人们要浏览网站的内容，还意味着网站的反向链接、分享、点赞、评论、页面停留时间等。这些信号是复合因素，确保我们的品牌体验在个人的消费者旅程中更容易被发现。同样，它们也确保所有相似的体验更有可能被看到，而不仅仅是这一个。换句话说，过去的接触让人工智能知道，未来还会有接触，而且这种循环还在继续。

现在，所有的现代媒体都遵循着同样的模式。随着越来越多的人参与其中，社交帖子会被更多的人看到。如果你打开并处理来自某个特定的人或供应商的邮件，把它们移到"重要"文件夹中，邮件过滤器就会开始注意。这是一个由参与驱动的场景循环。

消费者的参与是一个非常强大的复合因素，但这并不是场景循环的开始，而是推动循环持续下去的因素。场景循环从创造消费者想要参与的体验开始。我们从场景的五大要素开始，这些要素也是复合因素。我将在本章的后半部分深入讨论每个要素，但首先让我向你简单展示它们是如何一起工作的。

五大要素中的两个——可得即用和客户许可，本身都很强大，但当它们结合在一起时，它们就会产生更大的力量。可得即用的体验是存在的，并且是可以提供的，但是如果你从个人那里获得访问个人数据的许可，你就可以利用这些信息来增强体验，通过使其更个性化来与当前的场景混合。以同样的方式，五大要素中的每一个都可以和其他要素结合起来，以创造更大的场景。

场景营销的可靠性来自复合的特性。你创造的场景越多，你推动的参与度就越高。你推动的参与度越高，你的品牌体验和其他内容就越有可能突出重围。在了解了我们为什么需要关注场景以及场景循环如何工作以可靠地交付品牌体验之后，让我们来看看场景架构图中的各个要素。

何为"场景架构图"

场景化品牌体验五大要素（可得即用、客户许可、个性化、真诚同理和价值观明确）的架构图允许你在更大的场景中与你的受众相遇（见图 3-1）。也就是说，你的品牌体验融入和结合的这些要素越多，它就越具有场景性。

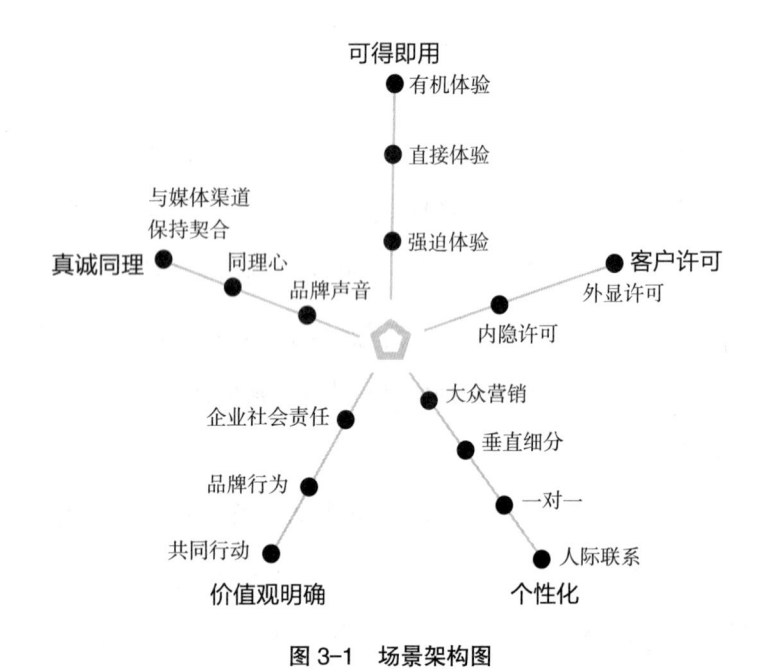

图 3-1 场景架构图

在介绍场景架构图的要素之前，我们来快速了解一下架构图的功能。我们最好能将每一个要素视为一个迷你的连续体，从场景化程度最低（最不相关）到场景化程度最高（最相关）。

轴线与架构图中心的连接点代表最不相关。例如，在客户许可这一要素上，中心连接点表示没有许可权限，而外缘表示明确的许可权限。我们可以把连续体当作一种指南，它可以帮助你了解如何去增强任何时刻的场景——你可以让任一要素向外发展，或添加其他要素。

你也可以使用这个架构图来评估体验。通过处理每一个要素并标记你的体验在每个连续体中的位置，你将能够更好地看到为什么体验平淡无奇，以及如何改善。在策划一种体验时，体验的场景化程度越高，架构图网络就越大。最相关的场景化体验构成了一张完整的网络（见图3-2）。

现在，让我们简要地看看每一个要素，我们将在接下来的5个小节中分别对其进行深入探讨。

要素1：可得即用

除非把品牌体验摆到大家面前，否则任何人都不会理解它。传统营销使用一种强迫式的方法使品牌体验被尽可能多的人知道，俘获的受众越多越好。场景营销则完全相反：它的终极目标是帮助人们完成手头的任务或实现他们当下追求的价值。与接触大众不同，场景营销的目标是在最恰当的时刻建立单一的、人际联系的连接。

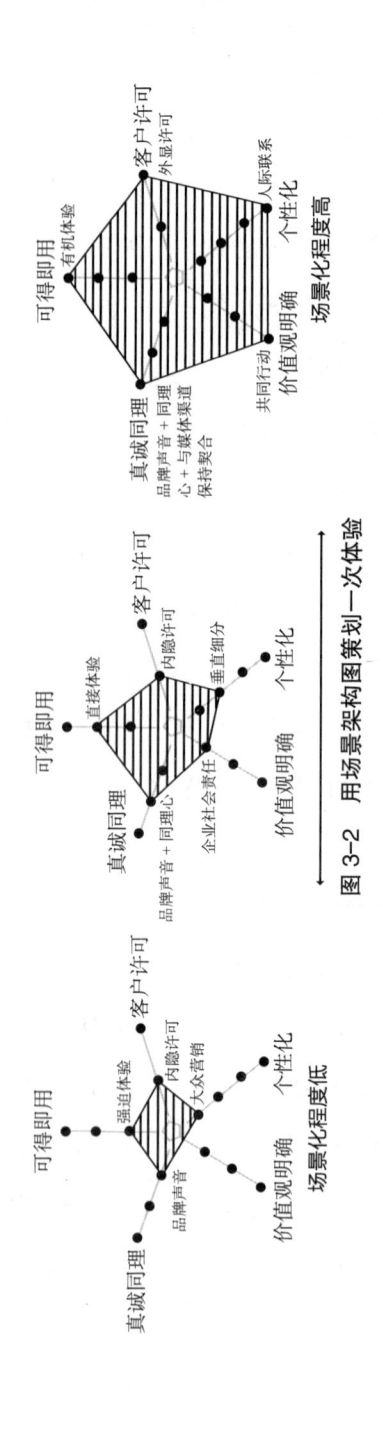

图 3-2 用场景架构图策划一次体验

在我的架构图中，可得即用这一要素的重点是你为你的品牌体验选择的交付方式。品牌体验是你强加给人们的，还是他们自己发现的？体验的交付方式通常决定了它的受信任程度，以及它有多大可能驱动消费者行为。在可得即用的连续体中，场景化程度最低的是强迫体验，如杂志广告、广告牌、弹出式广告。接下来是直接体验，包括电子邮件和社交媒体参与。场景化程度最高的是有机体验，即由个人在他自己的日常中发现。

要素2：客户许可

正如我们在第一部分中讨论的那样，人们更容易参与他们需要（许可）的事情，而不是他们不需要的事情。许多互动将帮助你的品牌和内容出现在社交媒体的信息流中，并打开直接的沟通渠道。许可权限有两种主要形式：内隐许可和外显许可。当个人客户首先联系你的品牌时，这里就会产生内隐许可，比如客户没有结算你的网站购物车中的商品，你就会继续投放重定向广告。许可权限在这里是隐性的，因为无论是有意的还是无意的，消费者已经给了你所需要的与他接触的信息。

外显许可涉及消费者采取的明确行动，比如关注、加为好友或订阅，即"是的，我希望与你的品牌保持联系"。外显许可权限可以让你的品牌访问个人数据，并提供一系列新的、直接的交付选项。

一旦你的品牌打开了一条被许可的道路，无论是内隐许可还是外显许可，你的品牌可以实现的场景都会大大增加。第 5 章将着重阐述如何获得各种渠道的权限，以及该权限如何为品牌变得更加个性化奠定基础，这是我们要介绍的架构图中的另一大要素。

要素 3：个性化

个性化要素包含了你为个人定制品牌体验所做的一切努力。显然，对个人数据的访问可以让你的品牌体验变得最具个性化，但个性化要素不仅仅可以让你的品牌体验变得个性化，还可以让你个性化地交付体验。

在这里，我们开始看到直接交付（参见可得即用要素），在客户许可要素发挥作用的前提下，如何为品牌打开了一扇门，让它能越过简单的一对一营销，到达场景的顶点：人际联系。这种新的营销前沿将你的员工、粉丝和品牌口碑传播者纳入品牌扩展者的行列，他们以新的、分散的方式建立品牌关系。在第三部分中，我们将研究用于衡量个人努力的技术，并使可得即用、客户许可和个性化这几大要素的影响更深入。

要素 4：真诚同理

真诚同理这个词现在在很多学科中都很流行，通常指的是某些东西是真实的或原创的。要判断某件事是否真诚同理，通常要看它是否满足某些期望：体验是否使用了正确的品牌声音？它能否与受众产生共鸣？消费者是否认为品牌体验与他们使用的媒体渠道保持契合（他们期望看到什么）？为了满足真诚同理这一要素的要求，你的品牌体验必须满足上述这3个标准。

做起来比听起来要难。在无限媒体时代，新媒体和媒介不断变化，我们不能把过去的经验作为使用指南。因此，创造真诚同理的品牌体验要求我们充分利用品牌声音、同理心和与媒体渠道保持契合，从而满足消费者对与我们不断变化的媒体环境相关的期望。所有这些都使真诚同理成为这五大要素中最主观的要素：你眼中的真实，可能并不是你的所有受众眼中的真实。此外，一种体验仅仅看起来是真实的，并不能保证它突出重围，这使得我们很难在审核时确定这种体验是否被认为是真实的。然而，真诚同理往往可以决定你的品牌体验成功与否，即使前三大要素都达到了最大程度的场景化（最相关）。真诚同理还需要从僵化的品牌指南和刻板的语言转向一种适应性强的、经常是动态的交流方式，这种方式将为受众提供他们乐于发现的品牌体验。

要素 5：价值观明确

场景的前四大要素帮助我们理解，用什么去传递一种个人想要的（必须被客户许可）体验（必须是可得即用的），由另一个人交付（确保它是个性化的），以一种满足期望的方式（必须是真诚同理的）。然而，个人消费者仍然必须反复参与，以保持通路的开放，并像第 2 章描述的那样，来到消费者旅程的最后阶段，成为你的品牌口碑传播者。这可是相当高的要求。这就是第五大要素的场景——价值观明确，即通过自然地激励重要的甚至物理层面的受众参与来实现的事情。

价值观明确的品牌体验包括从企业社会责任（总是能让人们对你的品牌产生更好的感觉）到品牌行为的全部，从主题上将所有营销活动指向共同行动：你的品牌和你的受众一起参与品牌体验。价值观明确的体验可以让品牌在其提供的产品或服务之外的话题上和受众交谈，帮助创造更深入、更场景化的客户关系。

例如，GoPro 虽然是一家生产相机的公司，却很少在营销中提及相机这一产品。相反，它专注于展示探险带来的兴奋感，通过每天发布会员（即客户）的"每日一图"来与受众分享这一价值观。通过价值观这一要素，GoPro 在 Instagram 上获得了 1 400 万名粉丝，这几乎是老牌相机品牌佳能和尼康受众总和的10倍。由于GoPro客户的照片非常吸引人，各类社交渠道也更有可能展示该公司的其他内容，因为参与会带动更多参与。在后面关于价值观要素的第8章，我将展示品牌为维持漫长的消费者生命周期所做的事情，包括共享活动的机会（协作），所有这些都是以一个更大的价值观的名义来进行的。

* * *

在接下来的5章中，每一章都将更深入地探讨场景要素，包括一些通过场景营销大获成功的品牌案例。这些例子将向你展示如何更新营销理念，并创建高度场景化的品牌体验——在此时此地吸引你的受众，以他们期望和渴望的方式。所以，让我们开始吧，首先我们来探讨可得即用。

第 4 章
可得即用：帮助人们实现当下追求的价值

品牌体验要想冲破噪声，就需要让消费者看到它、听到它或者感受到它——最好三者兼而有之。换句话说，它需要可得即用，这是组成场景架构图的五大要素中的第一大要素。让你的品牌体验可得即用，意味着有意识地选择和精心策划你的传达方式，这样你的客户就能实现他们当下追求的价值。这是在场景中满足消费者的最终定义。

毫无疑问，在无限媒体时代，人们遇到品牌的方式会极大地影响他们对品牌的态度。这是你强加给他们的，还是他们自己去找的？你如何提供体验将决定消费者对你的品牌的信任程度，以及他基于这种信任与你互动的可能性。正确把握场景，你的受众才更有可能对你的品牌感兴趣。

传统营销使用一种强迫的方法，让品牌体验尽可能地触达更多的人，受众越容易被吸引，效果就越好。回想一下你最近一次坐在电影院看电影时，电影正片开始前，大屏幕上正在播放的广告。也许你觉得它很有趣，或者觉得它太吵了，很讨厌。但你今天不太可能回想起那个广告的大部分内容，更不可能因为它而与那个品牌接触。场景营销则完全相反：它的最终目标是帮助人们完成手头的任务。场景营销的目标不是接触大众群体，而是在最合适的时机，建立单一的、人际联系的连接。

这就引出了一个很重要的问题：当涉及营销人员展示品牌的方式时，他们的方法有一个有效性范围，即在最低效（传统营销）和最高效（场景营销）之间，有一个连续的区间。也就是说，即使你作为一名营销人员无法立即跳转到最高效的路径上去，你也有方法来处理你当下面对的问题，特别是当你处在连续区间中段的时候。

我在这一连续区间中确定了三点，即三种让你的品牌体验变得可得即用的方法（见图4-1）。最低效的是强迫体验，即杂志广告、广告牌、弹出式广告，或者你在电影院看到的那种广告。接下来是直接体验，包括电子邮件以及社交媒体参与。最后，无限媒体时代有一个效率的顶点——有机体验，这是由个人在他们自己的日常里寻找到的体验。

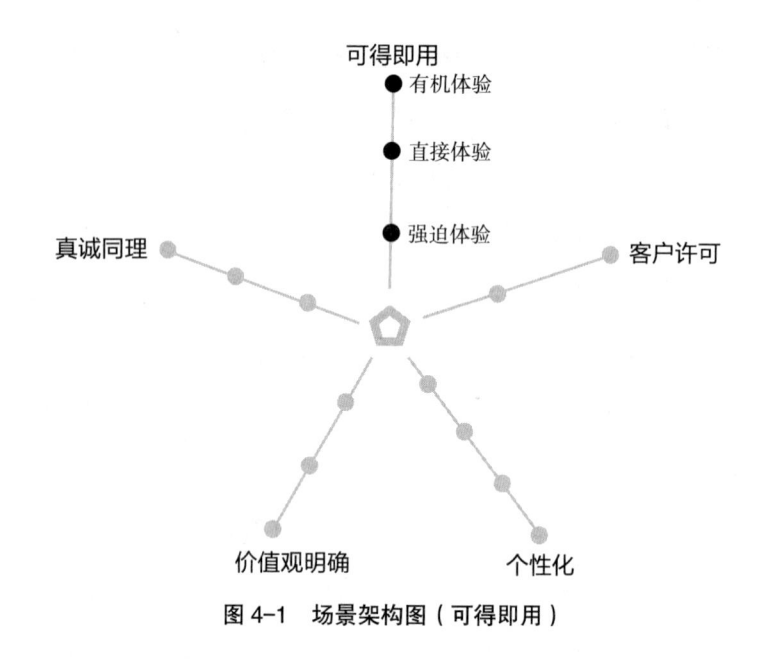

```
                    可得即用
                     ● 有机体验

                     ● 直接体验

                     ● 强迫体验
    真诚同理                              客户许可
```

图 4-1　场景架构图（可得即用）

了解这些可得即用方法的区别，它们如何在特定时刻突出重围，以及如何利用它们在客户生命周期中创造更好的体验，是成为一名场景营销人员的第一步。

强迫体验：要求关注

强迫体验是最不相关的，因为它们是单向的。它们是为了吸引消费者而设计的，试图分散消费者的注意力，迫使他们进行购买。人们被迫坐着看你的品牌体验——你的商业广告、你的网页广告,你要求他们关注你,但你可能并没有真正实现这个目的。相反,你故意推迟了你的受众真正想看的东西——电影,他们并不想看你的广告。

强迫体验的问题在于,它们几乎不考虑场景,而场景才是受众真正关心的东西。是的,你可能已经考虑了你的内容的场景——跟随在你的品牌体验之后的主要事件,比如最近的体育赛事亮点是否会吸引更多类似的受众。但你仍然没有考虑个体观众在那个时刻正在寻找什么。几乎所有的创造性努力都被放在了你要传播的信息上,而不是你为受众创造的体验上。总之,这就是传统营销和场景营销之间的区别。

多年来,强制性的触达手段一直很强大,并迅速发展出了许多超级明星品牌,如皮尔斯伯里(Pillsbury,美国经典烘焙品牌)、劲量电池、家乐氏麦片等。[1]虽然在10年前,人们仍然希望坐在电视机前看强制性广告,但现在我们已经进入了无限媒体时代,消费者已经习惯了控制。他们不再能轻易忍受被迫观看或点击任何东西了。《大西洋月刊》报道的一项研究发现,人们点击横幅广告的概率,比他们在飞机失事中幸存下来的概率还要低![2] 通常情况下,人们会跳过强制性广告(如果可能的话),用软件忽略或屏蔽这些广告。这并不是说一个15分钟的短视频就不能成为与情境相关的消费者旅程的一部分。但它必须是经过精心策划的，与个人在那一刻的体验相联系，它不是被强加的。

直接体验：传递信息

直接的品牌体验，如电子邮件、通信应用程序以及社交媒体参与，比强制性的信息提供了更多的场景，因为它们是对话渠道，让品牌能够直接与消费者接触，而不是让他们被动地观看或倾听。这些体验直接发生在品牌和个人之间，被发送到几种一般类型的收件箱，包括社交媒体平台上使用的订阅源和消息应用程序。

消费者越来越多地保护自己的隐私，这意味着直接体验几乎总是需要营销人员获得客户许可，内容才能被直接发送到客户选择的收件箱。权限障碍使直接体验与场景更加相关，但它还需要额外一层创意。第 5 章解释了获得客户许可的方法，但现在我们要弄清楚与场景化最相关的直接体验，这样一来，当你得到许可时，你就知道该怎么做了。

过去，直接营销只是通过电子邮件或邮政服务的方式，以一定的时间间隔向个人发送信息。营销部门通常不寻求许可，而是直接从第三方地址购买，这些地址的主人大约是他们的受众。这些普通的地址清单多年来一直是直接营销的支柱。

无限媒体时代改变了这一切。今天的直接营销仍在持续进行，但不是每隔一定的时间发送信息，它是被客户允许的，在收件者收到它的那一刻，它就能为收件者创造价值。它没有单一的目标或行动号召。相反，直接的品牌体验是在购买过程中的各个节点创造出来的，这些体验共同推动人们沿着消费者旅程前进。当消费者有需要时，通过提供消费者需要的下一个信息或知识，品牌就能引导、激励和刺激个人。最终，场景化中最相关的直接体验成为人与人之间的体验，我们将在第6章关于个性化的讨论中了解这一点。

虽然在无限媒体时代，直接营销体验不像有机体验（我们将在本章学习到）那样理想，但我们可以对其进行调整和拓展，将其提升到更高层次的场景化的客户参与。

拓宽你的直接营销理念，让你的品牌更容易触达受众

直接营销已经由简单的电子邮件和帖子，扩展到包括了今天所有由社交媒体提供的参与方式，如点赞、评论、分享、提到和私信。每一种方法都为营销人员提供了一种新的方式，让他们主动地或被动地接触受众。让我们看看一些成功营销人员

的具体策略。

参与客户生成的内容

　　传统的直接营销是主动的，通常是品牌主动出击。这个做法如今仍然有效，但增加容易奏效的品牌体验也很重要。在这些时刻，直接营销是非常强大的，因为消费者已经为营销活动创造了场景，比如在社交媒体上发布的品牌形象就可以参与进来。营销人员可以通过评论帖子或在品牌自己的频道上分享发布的帖子来主动地创造一种品牌体验。许多营销人员仍然很难相信消费者会希望品牌与他们的社交媒体帖子互动，但大多数人对品牌的反应都是认可的，即使该品牌没有刻意带上标签。以下图中的 Good Humor（甜蜜使者，冰激凌品牌）为例（见图 4-2）。

　　虽然珍·道尔顿在她的推文中没有提到奥利奥的合作品牌 Good Humor，但 Good Humor 会自动"聆听"其与奥利奥新合资的企业相关的关键词。当自动"听到"相关的内容时，这就会引起 Good Humor 营销部门的关注，他们会采取两种方式参与进来：首先点赞这篇推文，然后给推文的作者珍写一条评论。虽然有些品牌可能会更节制地参与互动（除非确确实实被客户提到，否则不参与互动），但 Good Humor 相信它友好的声音会受到欢迎,事实也的确如此。珍看到 Good Humor 的评论很开心。(我会在第 9 章更深入地阐述"聆听"和其他自动化手段。)

Source: Good Humor Instagram feed.

图 4-2

虽然这看起来是一个可以忽略的互动,但其实不是。这些参与正是社交媒体用户寻求的个人认同。你这是在满足客户(或未来客户)在当下场景中的直接需求。在社交媒体的语言中,"点赞"是一种肯定,表示"我听到你了""我同意你的看法"。当客户给一个评论点赞时,客户就是表示"谢谢"或

"我同意"的意思。在社交媒体上的简短交流也包括使用传递即时信息的表情符号，比如"我喜欢它""这让我很生气""这太搞笑了"——所有这些都是对帖子作者表示认可的交际方式，也许会促进彼此之间的交流。这种随性而直接的互动可以让品牌以新的方式在场景中参与其受众的生活。

利用"提到"的力量

提到是另一个让你的品牌出现在社交媒体场景中的好方法。它可以让任何人直接将一个人与一个品牌的体验联系起来，无论是在它发布的时候，还是在之后。文斯·凯勒在领英上的帖子就是一个例子（见图4-3）。

凯勒在为他的雇主 SBI（金融集团）创造品牌体验时，直接提到了吉尔和萨拉，这就是为什么他们的名字显示成了黑体。当凯勒点击"发布"按钮时，吉尔和萨拉会直接收到提到的内容，而吉尔和萨拉的关注者也可能会在他们的领英推送信息流中看到这一内容，这会促使后者去查看凯勒的帖子。凯勒的帖子下面的互动越多，帖子就越有可能出现在吉尔和萨拉联系人的信息流里。这意味着在帖子发布后，凯勒让吉尔在评论区提到杰米是非常有帮助的。杰米对吉尔提到他做了回应，这提供了必要的互动性，以提高帖子的声望，并使其更广泛地传播。

> 文斯·凯勒
> VP of Marketing at SBI - Helping Sales and Marketing Leaders Make Your Number
> 1mo
>
> #SBItv 幕后，首席增长官吉尔和 Marketo 首席营销官萨拉——这是一个很好的话题，关于如何做出过渡性的数据驱动决策，并在销售和混乱的营销数据中导航
>
> 66 Likes · 11 Comments
>
> 👍 Like 💬 Comment ↗ Share
>
> Add a comment...
>
> 吉尔
> 杰米，快看！
> 3w
> Like Reply 2 Likes · 1 Reply
>
> 杰米
> 我很喜欢！
> 3w

Source: Vince Koehler LindedIn post.

图 4-3

同样，这种互动对那些不熟悉社交媒体如何工作的人来说，可能显得无关紧要。同样，事实并不是这样。我们应该这样去看：吉尔和萨拉参加了这次活动，所以凯勒几乎不需要让他们知道这个帖子。他提到他们是为了触达吉尔和萨拉的网络中成百上千的其他人。帖子由凯勒而不是由他的公司（SBI）分享出来，这并不是偶然的。"人与人"之间的对话可以以一种更私人的方式（见第 6 章）让更多的受众获得这个品牌的体验，而如果让公司发布"在活动上玩得很开心"这种帖子就不能达到这一目的！凯勒的帖子也展示了一种新的直接营销方式，在这种方式下，员工、口碑传播者或其他品牌拓展者就能够直接发布内容，并且获得客户许可，如果让一个品牌来这样做就会更加困难。

凯勒使用提到功能自有他的理由，而吉尔则有一个稍微不同的理由。作为一名主持人，她可能在为自己做一些场景营销，杰米是她知道的可能对这个话题感兴趣的人，或者杰米在吉尔想要进军的公司里工作。我们永远不会知道，但凯勒无疑从吉尔的行为中获得了益处，吉尔可能也受益了。

用私信驱动交互

点赞、分享、评论和提到都发生在公共空间中。但所有社交媒体平台还都有一种私人形式的交流方式——私信。早在2015年，即时通信应用在社交媒体中就是使用最多的，现在每个渠道都有某种形式的即时通信工具：Facebook Messenger、LinkedIn Messaging、微信、Twitter Direct Message 和 Instagram Direct 等。对做场景营销的人来说，一个好消息是，人们不仅仅给朋友和家人发消息。有证据表明，他们也越来越多地通过发私信与品牌进行接触。

Facebook IQ（跨境商机大数据平台）对全球 12 500 人进

行了一项关于手机短信使用情况的研究。调查发现，在被调查者中有以下几个令人振奋的趋势。[3]

- 63%的人表示，在过去两年中，他们与企业的通信有所增加。
- 56%的人更愿意发信息而不是打电话给企业寻求客户服务。
- 61%的人喜欢来自企业的个性化信息。
- 超过50%的人更有可能购买来自他们可以直接发送信息的企业的产品或服务。

在电子邮件营销领域，竞争激烈由来已久，尽管人们对与品牌互动持开放态度，但即时通信应用程序相当缺乏品牌互动。这让短信成了一片绿地，营销人员还有很大的空间在其中创造场景化的品牌体验。这里有一些例子来说明为什么它们如此强大。

Convince and Convert（营销企业）的负责人杰伊·贝尔（Jay Baer）告诉我，他的公司最近正在尝试使用Facebook Messenger。该公司发现，通过社交媒体即时通信工具发送的信息被打开的次数是其发送的电子邮件的10倍，而那些打开社交消息的人点击、分享或参与内容的可能性是收到相同内容的电子邮件的人的 5 倍。HubSpot（营销技术提供商）也向对其内容感兴趣的人提供了两种访问方式：填写表单，或跳过表单并通过 Facebook Messenger 获取内容。人们打开 Facebook Messenger 信息的可能性比打开电子邮件的可能性高 242%（电子邮件的打开率为 33%，而 Facebook Messenger 的打开率为 80%），参与的可能性也高 609%（电子邮件的点击率为 2.1%，而 Facebook Messenger 的点击率为 13%）。[4]

HubSpot 还获得了一个额外的收获：人们真的很讨厌填表。如果给他们另一个选择，他们会接受的。

绝对伏特加（Absolut Vodka）在这方面走在了前面。它将定向数字广告的力量与通过 Facebook Messenger 吸引客户的能力结合起来。首先，绝对伏特加在 Facebook 上发布了一个针对性很强的广告，向参与活动的人提供免费饮品。这则广告通过与 Messenger 连接，引导客户进入一种体验，让他们可以与聊天机器人交谈，并领取免费饮品。最终的结果是，这种营销方式使得该品牌的销售额增长为原来的 4.7 倍（见图 4-4）。

以多种方式提供直接体验的力量，以正确的方式与受众接触，是推动场景化直接营销的动力。也就是说，像电子邮件和直邮这样的传统形式不应该被忽视。它们仍然非常强大，但随着消费者开始从一个收件箱（电子邮件）转向多个收件箱（社交媒体+电子邮件），品牌很快就会越来越多地通过私信渠道进行定向互动。

Source: https://blog.hootsuite.com/facebook-messenger-ads/.

图 4–4

自动化使直接体验随时可用

虽然直接体验不是场景架构图的顶点（顶点是"有机体

验"），但它们确实有一个很大的优势，那就是可以自动化。回想一下本章 Good Humor 的例子，该公司有一个自动"聆听"关键词的系统，这只是营销自动化的一种。有许多自动化的时刻可以被定制，在特定的时刻，针对特定的人，由几乎任何事情触发，由此执行品牌体验。

用最简单的话说，在此之前，营销人员每次都以同样的方式与一个确定的细分市场开始对话，而自动化让营销人员从一开始就能与无数的个人进行定制的对话。ANNUITAS 集团发现，与使用传统的直接电子邮件策略的品牌相比，使用这种自动化电子邮件沟通的品牌所获得的销售机会要高出 451%。[5] 也就是说，这种高度个性化的一对一的电子邮件能够自动在每个时刻培养个人用户，从激发最初的兴趣到使个人产生购买意愿，这在促成业务方面的有效性是其他任何电子邮件形式的 4 倍。

这证实了 Salesforce 发布的《2018 年营销状况报告》，该研究发现，高效能营销组织使用自动化的可能性是低效能营销组织的 9.7 倍。[6]

所有的直接方法，包括电子邮件、私信和直接社交互动，当它们开始自动执行时，都能实现更大的场景。自动化允许定义一组条件，例如在 Good Humor 的例子中，当有人提到"奥利奥"和"口味"这两个词时，自动化将进行一个预定义的操作。它提醒营销团队注意这个帖子，这样就会有人参与其中。这些"聆听"式自动化找到了一系列品牌当下可以加入的丰富对话，它们甚至可以将通知分发给适当的团队（销售话题可以直接发送给销售团队，支持问题可以发送给支持团队，等等）。

虽然自动化很强大，但它们确实需要企业对技术和一套新的策略进行新的投资，我将在第三部分详细介绍这一点。

有机体验：大量的互动

当消费者自己产生与品牌互动的想法时，他们就更容易参与进来。这就是为什么有机体验在我们的场景架构图中是可得即用的顶点。当人们想要这种体验时，品牌可以创造一种与他们连接的体验。当人们在谷歌上搜索，在亚马逊上购物或浏览Facebook时；或者当人们正在商店里浏览网页，坐在家里用笔记本电脑或在机场用平板电脑时，在几乎任何地方都可能出现这样的时刻。当个人搜索与品牌相关的信息时，场景营销人员的工作就是让消费者发现他们，并产生互动。这就是创造有机体验。

一些品牌通过专注于提供有机品牌体验来建立它们的整块业务。DW腕表（Daniel Wellington，丹尼尔·惠灵顿）初创公司把重心放在 Instagram 上，依靠这个平台的有机性质来接触受众，并激励受众去了解品牌。这个策略见效了。在开业的头 4 年里，该公司卖出了 100 多万只腕表。[7] 关注有机搜索引擎排名（也叫作集客式营销）是建立品牌和推动业务的一种强有力的方式。Arbor 是一个管理着 30 多个社区的高级社区运营商，报告称，64% 的新居民是通过网上搜索有机地找到 Arbor 的。[8]

我采用的词是"有机"，但也许我应该给这个词加上引号。因为当你的品牌体验被有机地提供时，它就已经以算法的方式服务于你的受众个体了。追逐算法并不是什么新鲜事，但它们——就像使用它们的媒体渠道一样——有了一个新的主人。它们不再主要寻找关键词或元标签；它们正在寻找个人的参与，并采取行动，而我们营销人员需要拓展我们的理念，即如何优化，在哪里优化，以及何时优化有机体验。

传统上，营销人员长期使用 SEO 来提高品牌在搜索结果中的排名，如今我们许多人仍然依赖于这种方式。我们构建网站体验以满足搜索引擎抓取的标准，这导致我们忙于担心关键词、元标签、页面加载时间等因素。主流的搜索引擎使用的排名算法仍然要求我们遵守 SEO 的一般规则，但这不足以让我们的品牌体验出现在搜索结果的第一页。我们现在还必须关注与受众的互动。

这种对互动的关注同样适用于社交媒体新闻信息流。新闻信息流刚出现时是按社交网络中的时间顺序排列的，现在它们是按场景化程度的高低来排列的。什么意思呢？你可以打开Facebook上的信息流，看看帖子的创建日期和发布时间。你会发现这个范围很广，有些是不久前发布的，而有些是几年前发布的。它们出现在你的动态中不是基于时间顺序，而是基于场景化参与。最重要的参与形式是互动——评论、对话、分享或点赞。当一个人或品牌能够推动一种体验的互动时，它就更有可能被展示给其他人（比如"提到"），将体验传播开来。因此，决定一个帖子影响力的不是它的发布，而是人们的参与。事实上，互动推动了品牌体验和内容在所有环境中的"有机可得性"。亚马逊和苹果的应用商店等零售商的运营方式也是如此。它们寻找商品相关的互动，以此筛选数以千计的产品，这使得这些零售商能够为它们的客户提供最好的推荐。

需要明确的是，互动性只是推动算法的众多因素（其中一些是品牌的高度机密）之一，但它是主要因素，互动性加上SEO让营销人员有了一定的能力将他们的品牌体验提供给明确寻找它们的人。

这里有一个突出的例子可以说明，现在，参与比发帖更有效。在2016年美国总统大选的第二天，如果你在浏览器上搜索"选举结果",排名第一的搜索结果不是来自CNN或任何主要新闻媒体,而是来自一个网站——70news.wordpress.com。没错,一个在免费域名上运行的网站黑掉了10年来最大的新闻报道,因为70news通过其发布的选举报道所创造的互动让搜索算法确信该网站将为其用户提供最佳体验。

70news是怎么做到这一点的？它使用了一套策略来推动互动,包括淫秽的标题和模因,旨在与右翼用户建立情感联系。这些通过社交媒体、电子邮件和其他第三方新闻网站分享的标题和模因准确地锁定了它们知道的受众想要看到和分享的内容。

我们都会分享故事、帖子和模因,以验证我们对自己的看法。70news的受众主要是极右倾向的人,所以当他们看到一个可以证实自己立场的故事或模因时,他们很容易就会与之互动,往往根本不会去阅读具体的内容。(顺便说一下,不仅仅右翼人士会这么做。哥伦比亚大学的一项研究发现,在社交媒体上分享的文章中,有60%的文章并没有被分享它的人阅读。[9])70news的每一条分享、点赞或评论都成了另一种参与,这给算法传达出一个信号,即该网站可能会与更多人互动,扩大其有机覆盖范围。

但这就是70news能到达顶端的关键:CNN的官方选举结果页面包含82个反向链接(其他网站引用你的内容作为它们

报道的资料来源）和4万次社交媒体上的分享，但是70news上的这条新闻有1 500个反向链接和超过40万次社交媒体上的分享。因此，尽管CNN已经上线几十年，拥有更大的影响力和更多的社交媒体粉丝，但它在搜索结果方面输给了一个小玩家。严格来说，这是因为在无限媒体时代，算法更偏好参与而不是发布。

这一现象之所以出现，是因为社交媒体用户对他们发现的东西的信任程度超过了他们应该信任的东西（尽管这种情况现在正在改变）。这也有可能是由一种新的邪恶策略所驱动的：机器人军团。这些人工智能机器人大军可以被编程为在各种平台的评论区挑衅的"喷子"，目的是挑起对话和争议。当然，人们也发现了争议很吸引人，而参与使得内容更加"有机可得"。

我绝不建议你制造假新闻或采用机器人军团等黑帽战术。我举这个例子是为了说明，让你的受众与你的内容互动对于"有机可得"是至关重要的。仅仅发布和宣传内容是不够的。要想在搜索结果或新闻推送中出现，品牌需要将与社交媒体和其他网站的定向互动添加到它们的日常待办需求列表中。营销人员需要扩展自己的视野，并考虑在每个消费者的生命周期中可能发生的问题和对话。大多数你能回答的问题和你能加入的对话都出现在自己的品牌网站之外，因为它们为受众提供了更大的场景。

例如，开源软件公司Acquia的营销人员注意到Quora（一个社交问答门户网站）上的一个问题，他们知道他们的潜在客户在消费者旅程中一直在问这个问题。他们没有以"品牌"的身份去回答问题，而是在它的社区门户网站上发布了一个Quora上的问题链接，让支持者在Quora上帮他们回答这个问题。超过20个品牌口碑传播者用他们自己的账号直接在Quora的问题下发了帖子，讲他们自己的故事。这些口碑传播者心甘情愿地花时间回答这个问题，并为Acquia进行口碑传播（这就是拥护的力量，也是新消费者旅程的最后一步，我们将在第三部分进一步探讨）。最重要的是，由于那些口碑传播者对Quora帖子的参与，它现在是那个特定问题的第一个结果，并不断地被推送给每个提出这个问题的新客户。在创造这个循环的过程中，Acquia利用其已经为客户创造的价值，以一种高度场景化的方式接触更多的人，并引导他们向品牌靠拢。

这种策略，即利用其他渠道来确保自己品牌的有机面向，也适用于传统的公关工作，如叙事控制。传统的公关是在媒体上发布一个故事来控制当下的叙事，而公关也应该通过回答营销部门确定的问题来控制消费者旅程中的叙事，并努力为SEO找到专门的故事线索。事实上，营销部门应该与公关团队密切合作，因为品牌网站不像一个发布的帖子那样有那么大的影响力。

例如，在谷歌上搜索"秋季主打款式"，让一个品牌网站出现在排名靠前的搜索结果中是很困难的，但如果你的公关团队能在排名靠前的帖子中植入软文，让你的品牌名出现在一篇关于它的文章中，这件事就没那么困难了。一旦这个故事发出来，场景营销人员就可以激励他们的受众与这篇文章互动，推动这个故事在搜索结果中排名更靠前。当有人正在搜索你的品牌时，该品牌就会立即出现在页面上，你已经使你的品牌体验成了场景化最强的有机体验。

* * *

本章提供了三种主要方式让你的品牌体验可得即用，有一个主题贯穿始终：互动的重要性。无论品牌是通过电子邮件、社交媒体，还是通过搜索引擎与受众互动，所有的渠道都服务于一个新的主人，这使得互动比单纯的发布力量更强大。换句话说，没错，你需要优质的内容，但这只是冰山一角。真正的着力点应该是与你的每个受众进行互动。

现在，让我们看看下一个场景要素——创造客户许可的品牌体验。

第5章
客户许可：配合个人，满足他们的要求

查看你的收件箱：里面空空如也，连一个未经你的许可（有意或无意）直接发送过来的促销内容也没有。场景架构图的第二大要素是客户许可，它是所有消费者现在都拥有的一种权利，这种权利让他们能够控制谁可以直接联系他们。这是一种机制——从在选项上打钩到提供个人数据，个人通过这种机制主动选择是否接受与品牌或其代表交流。

人们使用客户许可进一步定制他们每天在屏幕上看到的内容，同时穿过无限媒体时代的巨大噪声。如上一章所述，冲破噪声和推动互动是两种最有效的方式（直接体验和有机体验），让你的品牌可得即用，二者都需要得到客户许可。客户许可是实现更高层次的场景的基础，消费者通过两种形式来授权。

要么是内隐许可，要么是外显许可

客户许可并不是什么新鲜事。这是自 1999 年塞思·戈丁的爆款著作《许可行销》出版以来，营销人员一直关注的问题。在他的畅销书中，戈丁重点讨论了通过电子邮件获得许可的概念。虽然电子邮件仍然很重要，但在无限媒体时代，我们营销人员必须寻求多种类的许可。

与架构图中的其他 4 个要素一样，客户许可的级别也形成了一个连续体。内隐许可位于最靠近中心的位置，场景化程度最低，而外显许可位于外部边缘，即场景化的最高层次（见图5-1）。外显许可是由个人明确授予的，也是营销人员最希望得到的。当你没有获得与媒体渠道客户交流的许可时，你的品牌体验就相当于强迫性广告，正如我们在第 4 章中学到的，这其中几乎没有场景。

当人们找到你先于你找到他们，并与你的品牌互动时，他们会授予内隐许可。例如，一个访问你的网站的人授予你内隐许可，使你能够访问他或她的个人数据，以创建一种更个人的体验，尽管这个人没有积极地允许你通过另一个渠道接触他或她。消费者知道你在跟踪他们，埃森哲的一项研究发现，83%的零售消费者乐于被动地分享个人数据，从而让品牌为他们创造更好的体验。[1]

图 5-1　场景架构图（客户许可）

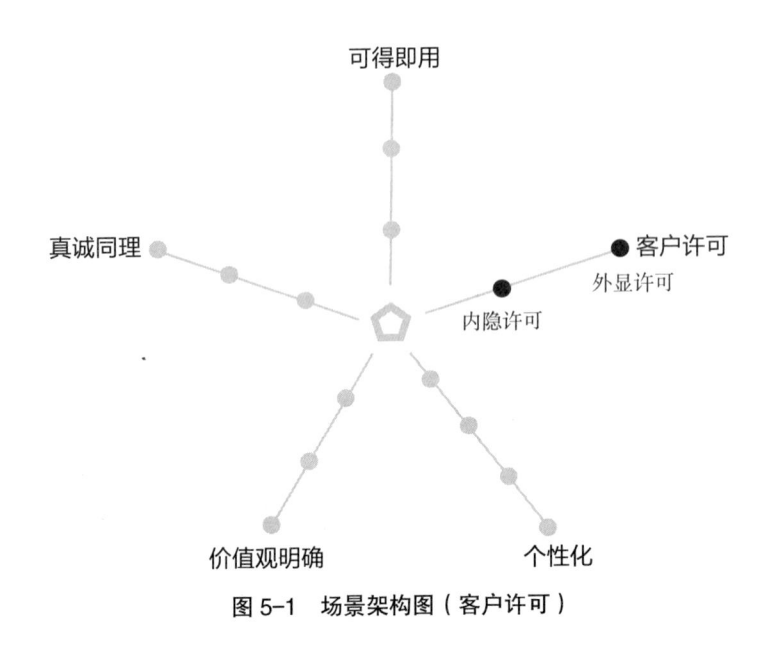

　　传统上来说，品牌可以暗中访问以下三种数据：第一方数据、第二方数据或第三方数据。第一方数据是指品牌拥有的任何数据，这些数据可以通过多种方式创建。它可能是个人在网站上的浏览记录、个人共享的信息或过去的购买历史。第二方数据是指品牌通过购买他人的第一方数据来扩充自己的数据，从而让品牌能够创造更丰富的体验。最后，还有第三方数据。这通常是从大型数据提供商购买的或者通过数据交换获得的。这些交换结合了来自许多来源的大量数据，这些数据可以更全面地展示每个消费者的情况。这些数据不能通过名字来识别一个人，但它可以告诉你，正在访问你网站的这个人45岁，来自得克萨斯州，是一个狂热的高尔夫球手，希望在未来60天内购买一辆SUV（运动型多用途车）。这三种数据类型都是被动创造的，并且不要求个人为生成数据采取行动。许多消费者并不介意让品牌搜集和使用这些数据，因为这样一来，品牌可以在当下创造更好的体验。这就是内隐许可和外显许可的主要区别。内隐许可使品牌有能力在当下使用个人数据，但它不能将数据用于直接扩大服务范围。为此，品牌需要获得外显许可来持续地通信，以及创造跨渠道的更大范围的场景。外显许可也可以通过不同的方式进行授予。消费者可以在填写表单时给你他们的电子邮件地址，或者勾选同意你通过该渠道与他们沟通。在社交媒体上，给你的品牌点赞或者关注你的品牌也是一样的。

外显许可也为品牌提供了可靠的覆盖范围。当一个消费者授予品牌或其代表交流的外显许可时，品牌就大大提升了它和消费者之间关系的场景层次，让品牌体验冲破噪声的机会几乎就得到了保证。通过电子邮件和Facebook Messenger等渠道发送私信是可靠的，尽管信息可能会被放进一个单独的文件夹。这类信息绝对比在社交媒体上发布你的体验更加可靠，后者只有1%的覆盖率。但当涉及使用外显许可时，场景营销人员应该关注的另一个关键是通过社交网站直接参与。社交媒体的力量不在于免费发布，而在于让人与人之间建立联系。每个人都有能力与他人直接互动，作为品牌方，我们必须学会接受这一点。面向大众发布是我们的起点，而建立人际关系才是我们前进的方向。

在社交媒体上的品牌体验只会被非常小的一部分关注者看到，因为在无限媒体时代，有大量的媒体在传播信息。（这可能是"在Facebook上关注我们"这句话不再到处可见的原因。）获得粉丝固然很重要，但更重要的是，你的营销部门要获得与个人互动的外显许可，从而为你的品牌提供可靠的接触范围。这是营销的新前沿，也是品牌在其客户和潜在客户的生活中到达更高层次场景化的方法。

这样的个人互动听起来可能过于颗粒状或具有侵入性，但它们是百分之百可靠的，并且能为消费者提供深刻的价值。消费者确实希望参与社交渠道，但不是与随机的品牌社交。因此，尽管你的品牌在社交媒体上不需要获得许可就能与消费者互动，但如果你没有获得他们的许可，这样做就不在场景之内（并且很可能不受欢迎）。只有得到许可，你才可以进行互动。当然，你在社交媒体上的直接互动不仅仅局限于某一个消费者，你的品牌还会进入他的粉丝的视线，并且和后者建立联系。这些类型的直接接触也成为人工智能推动场景循环前进的关键信号。

如果没有获得某种许可，无论是外显的还是内隐的，品牌体验就是强迫性的，比如杂志广告就是强迫性的。消费者"此时"并没有需要，但你把整件事都强加给他了。但如果我们作为品牌能够在消费者需要的时候出现，他们将愿意被动地与我们分享信息，并默许我们利用个人数据，在那一刻为他们创造更好的体验。下图就说明了如何使用个人数据来创建场景化程度更高的有机体验（见图5-2）。

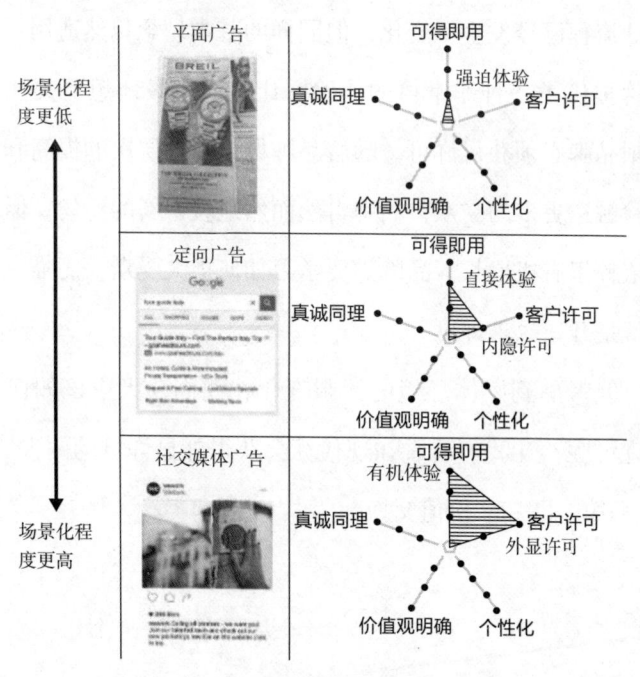

图 5-2　个人数据提高了场景化程度

在你获得许可后，能否推动参与仍然取决于你如何使用场景架构图的其他4个要素，从而使体验与当时的场景相关。但获得消费者的外显许可才是打开大门的关键。

品牌必须努力获得外显许可

正如我已经指出的，今天的情况与1999年塞思·戈丁第一次提出许可行销的想法时大不相同。然而，尽管我们今天使用的流程已经发生了变化，但同样的基本理念仍然适用：除非品牌提供了一种非常棒的体验，让人们积极地想要关注品牌，否则品牌必须获得许可。随着品牌场景营销层次的提高和品牌体验触达更多的受众，品牌自然而然地获得新的粉丝，但不能只依赖于有机增长。品牌需要学习如何扩大受众，而唯一的方法就是开口寻求许可。

但考虑到媒体环境的无限变化，我们今天应该如何去寻求许可呢？让我们看看在现代社会获得外显许可的两大关键："涨粉第一"和"价值交换"。

涨粉第一

当你试图去获得客户许可时，这里有一个制胜的方法：找到那些已经在关注你品牌的粉丝，然后和他们互相关注。这听起来很简单，但许多品牌仍然拒绝使用这种非常基本的方法，因为它们高估了自己的有机覆盖范围，低估了人类的自我认知。

各大品牌仍然相信，仅仅依靠它们生产的内容，它们就能有机地获得粉丝。这个想法没错，但前提是你的品牌已经拥有数百万粉丝，并引发了大量互动。对社交媒体上的许多品牌来说，它们并没有做到这个程度，当然社交媒体也不是它们起步的地方。如果你刚刚起步，最好的方法是首先确定你的核心客户。有很多工具可以帮助你从社交媒体上的可用数据中筛选出最合适的人选。比如，你可以跟踪一个标签，并用特定的地理位置筛选该标签下的所有客户。

例如，如果你经营着一家精品酒店，你可以搜索#最佳酒店（#beststay）标签来找到那些在度假或出差时发布了其酒店住宿信息的人（即使他们还没有发布关于你的酒店的信息）。记住，你的受众不仅仅是潜在客户，他们应该包括来过你店里的网红、你的合作伙伴，以及在你的空间中活跃的其他个人和品牌。这就是你的受众，有时你可以很容易地搜索到他们，但通常你需要做更多的挖掘才能找到他们。

除了使用简单的关键词进行搜索外，你还可以找到拥有大量受众的品牌或个人，并动员他们的粉丝，或者依靠工具和人工智能去找到你要的人。无论你是否找到了他们，下一步都是相同的：简单地请求关注。这个动作在不同渠道上的称呼不同：在领英上叫作"联系"，而在 Instagram 上叫作"关注"。当人们知道有人想关注他们的时候，他们都会很开心。记住，他们出现在社交媒体上是有原因的，关注一个人就能证明他所做的是被爱的、被需要的和相关的。一旦有人接受了你的请求，你就可以立即发私信，和他进行直接的沟通，并在场景中参与和这个人相关的内容。

在你开始关注别人之前，你应该提前计划并仔细考虑如何行动。例如，如果你的品牌对人们来说是全新的，你应该有一个预期，就是他们会把你的社交资料作为他们评价你的一部分。如果他们注意到你的社交动态都是广告，他们就不可能给你许可。你必须策划好账号内容，以符合你试图传递的价值。你要确保你的简介、帖子和参与度都达到标准，并展示关注你之后能获得的价值。

价值交换

几乎每个服装零售网站都会对访问者的第一个在线订单提供折扣，以换取访问者的个人电子邮件地址。这是一种价值交换，它授权品牌传递体验，并与消费者直接互动。即使零售商发送的电子邮件很可能会进入客户的垃圾邮件（或归类到谷歌邮箱的促销标签），搜集电子邮件地址仍然很重要。它提供了一个最终获取更多信息和更大场景的途径。

例如，许多专业服务或 B2B 公司开发内容营销，用其有价值的东西来交换潜在客户的电子邮件地址和其他信息。当人们在搜索某些特定行业的服务时，比如商业咨询、网络安全、金融服务等，他们就会有交换的意愿。在下图中，电子邮件营销工具 Litmus 要求潜在客户勾选"是的，我想从 Litmus 收到电子邮件"，以获得外显许可，允许 Litmus 在发送"终极指南"之后继续联系他们（见图 5-3）。

如果一个潜在客户没有勾选，Litmus 就没有被明确授权，它就无法在发送"终极指南"之后再发送其他邮件。这是否意味着技术上不能给这个潜在客户发邮件？不，这只是意味着 Litmus 没有得到外显许可。有人可能会说，它拥有内隐许可了呀，但由于 Litmus 征求了潜在客户授权外显许可，所以再向该电子邮件地址发送其他信息可能会让潜在客户感到不满甚至激怒他们。品牌的这种行为会显得缺乏诚信。

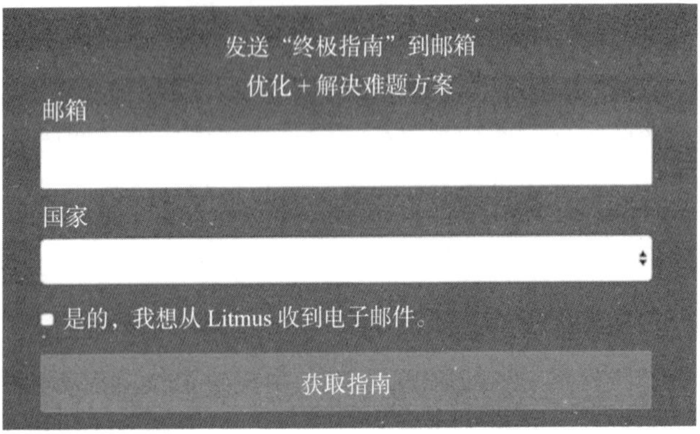

发送"终极指南"到邮箱
优化＋解决难题方案

邮箱

国家

■ 是的，我想从 Litmus 收到电子邮件。

获取指南

Source: Litmus website.

图 5-3

这种价值交换也适用于社交媒体渠道。例如，在领英上，HubSpot 通过"建群"将集客式营销人员聚集到一起，为志同道合的营销专业人士创建了一个讨论的场所。作为会员资格的交换，HubSpot 提供思想领导力相关的内容，教导群成员如何成为更好的营销人员，该公司还策划了关于营销的对话，帮助群成员实现他们的商业目标。每一段内容和每一次对话都是有意义的，因为在向受众传授新的营销方法的同时，实践这些方法会用到 HubSpot 的工具，因此它无须投放广告就能创造需求。

由于 HubSpot 为会员提供了交换价值，集客式营销群增长迅速。刚开始的时候，HubSpot 会组织和主持与群组相关的活动，但很快角色就互换了，群成员开始自行创造大部分的内容和对话。2015 年，HubSpot 的集客式营销群创下最大的在线研讨会（这是 HubSpot 创造的一个新类别）世界纪录，注册人数为 31 100 人。[2] 但这一切都始于 HubSpot 通过这项价值交换项目来寻求许可，该项目以一种场景化的方式向高度参与的领英会员提供服务。

在社交媒体平台上创建价值交换项目时，你要确保你的内容符合该平台客户的期望。HubSpot 用思想领导力来吸引领英的客户加入集客式营销群是有道理的，因为人们经常在领英上搜索与自己职业相关联的人和内容。但这些内容在类似 Facebook 的平台上发挥的作用如何呢？效果并不怎么好。但这并不意味着 B2B 品牌应该跳过更纯粹的社交平台。品牌应该拥抱消费者使用的众多渠道，但要根据消费者使用这些渠道的不同方式而做出改变，以匹配消费者在每个渠道上寻求的价值。

企业品牌麒点科技（Kronos）在 Facebook 上推出 #开心一刻（#timewellspent）卡通系列来吸引新的受众。麒点科技没有把焦点放在提供服务上，而是为 Facebook 客户提供了一些与他们在该平台上消磨时间的理由相符的东西：逃离、大笑，并与他们的朋友和粉丝分享有趣的内容。平均每条漫画能获得300多个赞、分享和评论，为麒点科技增加了粉丝。事实证明，麒点科技在Facebook上的粉丝只喜欢漫画：它在Facebook上发布的公司博客帖子的参与度大幅下降。例如，麒点科技最近发布的3条漫画加起来获得了超过1 057个赞、分享和评论，而它最近发布的3条帖子总共只获得了16个赞，下方没有分享和评论。漫画让麒点科技冲破噪声并触达受众的可能性增加到原来的60多倍。这并不意味着麒点科技无法通过其服务和面向行业的内容找到粉丝，只是意味着他们需要找到正确的渠道。公司如果已经在Facebook上获得了认可和关注，那么也更有可能在其他渠道上取得突破。总之，你不应该试图在一个渠道中完成所有事情，而应该按照每个渠道适合的方式去投放内容，与你的受众建立联系，并坚持下去。

一旦许可被授予——通过某人访问你的网站（内隐许可）或通过某人填写表单、与聊天机器人交谈或关注你的品牌（外显许可），你的公司就能通过这些方式获得个人的数据，这些都将成为场景营销的燃料。

外显许可让你能够访问更好的数据

正如我所指出的,让消费者授予内隐许可是相对容易办到的。在美国,当有人访问你的网站或其他自媒体渠道时,你就获得了内隐许可,你可以在你的网站上追踪访问者的个人行为,大多数消费者都乐意让这种情况发生。然而,如果美国决定遵循欧盟的模式,即公司不允许在没有获得外显许可的情况下跟踪个人数据,这种情况可能就会改变了。因此,英国《金融时报》网站上出现了这样的弹出式提示(见图 5-4)。

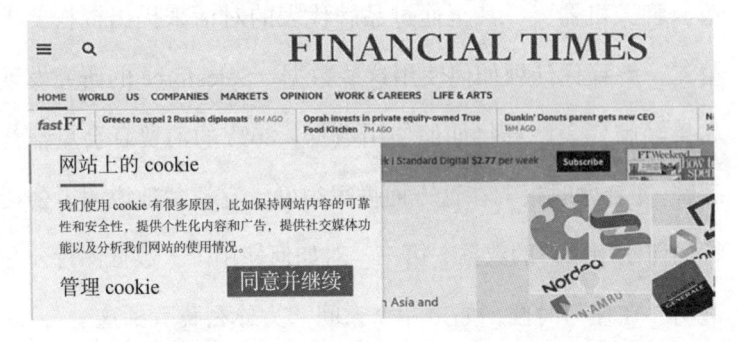

Source: https://www.ft.com/.

图 5-4 《金融时报》网页

但正如连续体所表明的那样,内隐许可只是开始,外显许可让你能够访问更好的数据。虽然内隐许可给了你关于消费者行为的信息,但那些数据并不完美。消费者仅仅浏览了一件产品,并不意味着想买它。因此,为了搜集最好的数据,品牌需要直接向消费者索取数据，获得明确的使用许可。数据越好，我们可以触及的潜在场景就越大，我们可以提供的个人品牌体验也就越丰富，我将在下一章探讨这些话题。我们可能会从一份调查或表单中，或者从消费者设置所需内容的电子邮件偏好中心获得这样的数据。个人数据将比我们搜集的行为数据的体积更小，但它主要能为品牌提供两个好处——免受监管，以及提供明确的场景指南。

要访问外显许可的数据，必须完成4件事。第一，通过表单、聊天机器人，甚至通过品牌代表的对话来提出授权要求。第二，解释你计划如何使用这些数据。Salesforce的研究发现，如果品牌代表解释将如何使用数据，86%的消费者会更信任品牌。《金融时报》在这方面做得很好，它清楚地说明了公司将如何使用用户的数据。第三，对如何使用个人数据保持公开透明。在任何时候，如果一个人问"为什么我看到这个"，品牌都应该提供驱动这个决定的数据。第四，允许消费者看到你掌握的关于他们的数据，允许他们打开或关闭数据权限，他们甚至可以根据喜好修改数据。Salesforce的同一项研究还发现，当品牌把数据交给消费者自己控制时，92%的消费者会对品牌产生信任。[3]

当品牌采取这4个步骤来获得外显许可时，它们不仅能在客户那里建立起信任，而且能创造出一种可靠的、免受监管的个人数据流。但除此之外，这种许可还为场景提供了强大的保护。例如，询问消费者是否愿意接收电子邮件是在寻求"许可"，但更进一步问"你想要收到什么类型的电子邮件"则更好。他们的答案将指导你的电子邮件程序只发送消费者喜欢的内容，从而帮助你增加直接沟通的场景。消费者是想收到优惠券，还是你的newsletter，或是两者兼而有之？让他们亲自告诉你吧。

这些个人数据也将帮助你让消费者继续消费者旅程。询问客户的满意度（例如，通过电子邮件发送客户满意度调查）为你提供了如何继续前进的详细且明确的数据。如果他们不满意，你就需要后退一步，评估一下你正在做的事情，然后解决问题。如果他们很满意，也许你可以自动编写一个程序来邀请他们进行口碑传播。你所获得的外显许可的数据驱动着这类程序，而只有在你询问时，你才能获得该许可。

* * *

客户许可是场景的一个关键要素。你未来的所有努力都将取决于你的品牌获得许可后可以访问的个人数据。如果没有获得权限，你将无法在更高层次的场景中为客户提供体验。品牌如果能够遵循我在本章中所述的 4 个步骤，就能够访问客户的个人数据，并利用数据来增加信任和改善任何时刻的场景。

接下来，我们将看看如何使用这些数据，从而使时刻和体验更加个性化。这是场景架构图中的另一大要素。

第6章
个性化：从体验的个性化到个性化地提供体验

在无限媒体环境中，每一个时刻都是个性化的，没有两个时刻是完全相同的。你的移动设备会按照你的特定偏好进行设置，上面一系列的应用程序也是由你自己选择的。你访问的每一个媒体频道都会过滤成千上万种体验，最终出现在你面前的一小部分都是单独为你定制的。你与媒体的整个关系都记录在你的每一个行动中，从这些行动中，环境推断出你的欲望，这使得媒体在越来越相关和有意义的场景中为你提供越来越个性化的体验。

换句话说，场景架构图的第三大要素，即以个性化的方式传递品牌体验，已经成为激励现代消费者的新基线。个性化远远超出了内容个性化的范畴（内容个性化已经存在了几十年，想想那些以包含你名字的个人问候开头的群发邮件吧），它建立在架构图中其他要素的基础之上,在某个时刻与你的受众见面,并实现更深的个人联系。

与其他几大要素一样,你的品牌体验的个性化程度也是一个连续体(见图6-1)。大众营销是最不具有个性化或场景化的,因为品牌体验是公共的,并以相同的方式接触每个人。更个性化的是垂直细分,在这个过程中,你将为某个更小的群体定制品牌体验,让它对那些特定的人更有用。

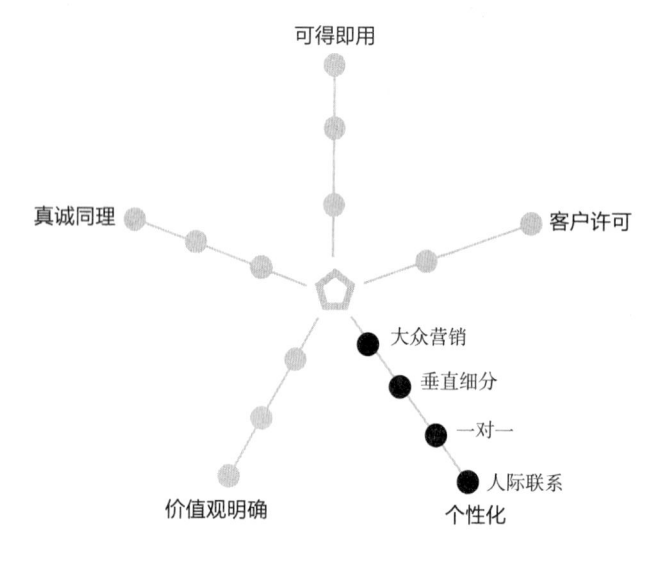

图 6-1 场景架构图(个性化)

一对一联系的个性化程度更高,因为你的品牌为一个人精心打造了一种体验,根据特定时刻的需求定制体验。这样的体验是非常相关的，但因为仍然是在品牌和个人之间进行的，所以它们没有到达个性化要素的顶点：人际联系。在个性化连续体中，最相关的层面是直接接触，这种体验不仅是独特的，而且是由一个人传递给另一个人的——通常是品牌的员工、品牌口碑传播者或社会与其他社区的成员，所有人都代表一个品牌工作。让我们更仔细地看看这些级别。

大众营销

在这个连续体中，最低级别是大众营销活动，我们都很熟悉，大众营销活动就是让尽可能多的人通过单一的行为获得品牌体验。这可能意味着一个广告牌广告，一个有线电视频道的电视广告，或者一封被群发给很多人的电子邮件。在广告的黄金时代（处于有限媒体时代），大众营销是广告商通过当时的媒体渠道接触客户的唯一途径。这些方法虽然现在已经过时，但在当时还是非常有效的。许多声势浩大的品牌营销活动都是通过大众媒体发起的，比如"Think Small"（直译为"小有小的好处"）营销活动，这句广告语让大众牌甲壳虫进入了美国人的心，并使它成为有史以来最畅销的汽车（在当时，也就是1972年）。[1] 整个营销活动依靠的都是大众媒体。

今天的大众营销活动很少能激励到消费者，原因是我们已经讨论过的无限媒体时代的运作方式截然不同：消费者可以提出任何问题，并且立即得到一个可信的答案，这扼杀了强迫性信息驱动消费者行为的力量。然而，虽然今天的消费者已经找到了更好的方式，但是大众营销的品牌体验很容易变得场景化。营销人员只需要进行基本的垂直细分，即进入个性化要素连续体的下一个层次。这种传播方式与大众营销非常相似，只是这种体验针对的是更小的群体，并且在信息中使用了一些基本的个性化方法。

例如，你可以在社交媒体上雇用一个网红，通过他向其所有受众传达关于你的品牌的统一信息。这样一来，你的大众营销活动至少在网红和受众之间得到（外显的）许可和（直接的）可得即用。在场景架构图中，这样一个营销活动如下图所示（见图6-2）。

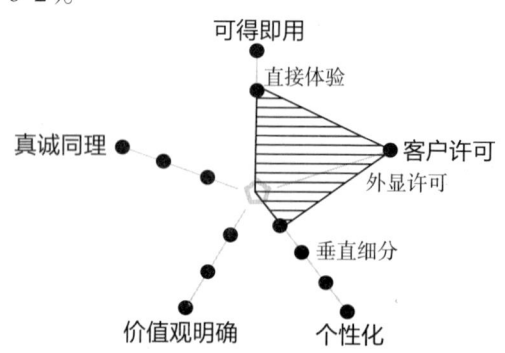

图6-2 绘制三大要素：可得即用、客户许可和个性化

垂直细分

我们沿着个性化要素的连续体向外缘移动，营销人员从大众营销转变为垂直细分策略，我们到达了对垂直细分最充分的表达。与对大众营销活动一样，营销人员对垂直细分也不陌生。我们将品牌体验细分为更小的地域、兴趣或活动。这让品牌体验对特定群体更有用，增加了他们参与的可能性。以斯巴达勇士赛为例，它背后是一家组织障碍赛的企业，企业员工根据地理位置对其邮件列表进行了细分。该企业发送的电子邮件内容会根据订阅者的位置而变化，目的是增加每一场比赛的注册人数。我住在美国南部，曾经参加过斯巴达勇士赛，我就会收到附近城市的竞赛信息。垂直细分是一个很好的方法，可以提高与场景的相关性，品牌只要为更有针对性的群体稍微调整一下信息，就可以做到这一点。图 6-3 所示的情况不是非常个

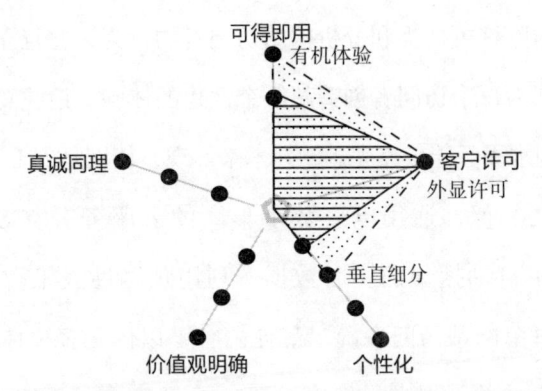

图 6-3 通过扩展可得即用和个性化要素来提升场景化程度

性化，但绝对是场景化程度更高的。

一对一

　　达到一对一的品牌体验是更高的水平。品牌创造这些体验，并在某一时刻将其交付给某一个人。虽然在理论上很好理解，但由于技术要求的限制，这些体验在实践中并不太见。一对一是无限媒体时代的工具。它是这样运作的：营销人员将个人数据与技术相结合，精确地定制品牌体验、内容、渠道、时机和交付方式。我们在第一部分中提到过家具品牌 Room & Board，回想一下这个例子。该公司官网的设计目标是流畅地为每个访问者创造独特的体验，这些都由访问者的个人数据驱动。Room & Board 还利用人工智能进一步将其品牌体验场景化。人工智能通过内隐许可捕捉和分析网站访问者的行为，并且立即使用这些数据为每个访问者创造超级个性化的体验。请注意，这种一对一的水平只能依靠先进的技术来实现，特别是人工智能。

　　与之类似，通用电气数字集团的云服务分支 ServiceMax 基于自动搜集的实时数据，利用预测性人工智能就能实时为每个网站访问者确定最佳内容，以优化客户体验。在其网站上采用预测性人工智能后，ServiceMax 官网的跳出率降低了70%，对话的次数提高到原来的3倍，演示请求总数增加到原来的6倍。

毫无疑问，一对一是高度场景化的。但因为它是品牌传递的、缺乏特征的、零散的内容，它还未达到个性化连续体的最高级——人际联系的场景化程度。

人际联系

人际联系的体验得以突出重围，不是因为它是个性化的，而是因为它是私人传达的。Backcountry（在线户外用品零售商）是一个很好的例子，从中我们可以一窥什么是场景化程度最高的个性化体验。Backcountry的网站通过预测性的动态内容创造个性化体验。例如，如果你正在搜索一款户外野营鞋，网站在搜索结果中还会推荐一些其他产品，这些产品是像你这样的人"最终购买过"或"浏览过"的。同时，它会展示客户社区中关于该产品的个性化评价（见图6-4）。

因此，Backcountry的官网基于和你类似的其他消费者的行动，有效地预测了你想要的产品。此外，每个产品都附有来自Backcountry社区的大量的评价，并且设置了在线聊天，品牌可以实时为客户提供帮助。但个性化体验并没有到此为止。

"这双野营鞋很不错,穿着舒适。降温也不怕,它让我的脚一直很暖和。下雨天它防水也不错。"

selected by Hailey Terry

Teva
Ember Moc Shoe - Women's
sale $51.97 - $74.95
★★★★★

Source: https://www.backcountry.com/rc/gearhead-picks.

图 6-4

Backcountry 还能够通过它的"装备发烧友"项目接触每一名客户,人对人地联系,我自己就体验过。

我从 Backcountry 网站上为即将到来的旅行买了一些滑雪板装备,几天后,我接到了韦斯利(一个"装备发烧友")的电话。他打电话问我是否对我的新装备有什么意见,或者我是否想聊聊滑雪。我告诉他我过几天会去旅行,我非常乐意开启我们简短的谈话。那天晚些时候,我又收到了来自韦斯利的一封私人邮件。所有交流的唯一目的可以用他电子邮件中的一句话来概括："无论你是投诉退货，还是想下订单，或者只是想打电话聊聊为旅行准备的装备，我随时恭候。"

需要说明的是，韦斯利并没有试图卖给我更多东西（不是直接地）；相反，他希望建立一种私人的、持久的关系。这次有效接触体验极佳，在此之后，我更深入地研究了装备发烧友项目。Backcountry 雇用了 150 名装备发烧友，他们的职责包括管理大客户、监督在线聊天等，当然还有直接的客户参与。是什么让这个项目与我研究过的其他项目不同呢？装备发烧友会被分配到他们有真正的专业知识的项目中，如山地自行车、单板滑雪和攀岩。这意味着，当装备发烧友接触客户（就像韦斯利对我所做的那样）时，对话是有吸引力且有实质性帮助的。如果一个人只从教科书上了解像滑雪这样的运动，他是无法与客户在同一水平上交谈的。

克里斯·波奇（Chris Purkey）是 Backcountry 的销售和消费者体验副总裁，他告诉《零售接触点》杂志，在装备发烧友项目用直接和私人的方法建立客户关系之后，那些参与了该项目的客户的生命周期价值比没有参与该项目的客户高出 40%，并且订购行为多出 105%。波奇认为，该项目将在两年内为 Backcountry 带来 1 亿美元的业务。[2]

乍一看，这种方法似乎会因为人手限制而不可扩展，但事实并非如此。波奇认为，如果没有自动化，一个装备发烧友员工最多只能同时管理200名客户。这实在是太耗时了，你不仅要知道该找谁，还要知道你们该谈什么，以及应该什么时候去联系。如果没有技术的支持，即使为管理数量这么小的一组客户，企业也要设置一个全职的岗位。但有了合适的技术，这种个性化联系的规模就可以很容易地扩展到1万名客户，企业对每一名客户都是人对人地进行联系，因为技术可以引导装备发烧友员工在合适的时间开展合适的对话。（关于如何应用自动化，请参见第三部分。）

Backcountry是少有的高效能组织之一，它变革了自己的营销理念，转而追求个性化要素连续体中场景化程度最高的目标：人际联系的品牌体验。效果如何呢？它的市场部成立了一支销售团队，其明确的目标不是销售更多的产品，而是建立人际关系和帮助消费者。这反过来又大大增加了利润。

有些品牌不需要改变营销理念，它们从场景化实践开始，一骑绝尘。我在写作本书的过程中，营销专家、Eloqua公司联合创始人、Influitive公司现任CEO马克·奥根（Mark Organ）在一次对话中告诉我，他看到许多新成立的品牌在早期阶段就放弃了传统的营销人员招聘，而他们正相反，他们聘请了"社区管理员"，这些员工专门负责发展与目标受众和客户的个人关系，以便能快速启动，获得成效。这种非常个性化的直接参与为那些初创品牌提供了两个利器：直接接触社区中网红的路径，以及一个品牌可以利用的平台，用于推动他们未来的工作。建立起社区之后，这就会带来额外的 SEO 经验、邮件营销等，他们可以利用社区（不是强迫性地）来扩大影响力范围。

社区管理员的角色会根据具体的组织而变化。但一般来说，他是一个积极管理和发展社区的人。有一点很关键，那就是社区管理员应当被视为教练，社区成员应当被视为队员。教练总是在招募、组织，并直接与每一名队员共同完成目标。关注点不应该在教练身上，而应该在队员身上。同理，你也可以这样要求社区成员去分享体验。品牌（教练）应该在后台，关注着社区分享的共同联系。

这个品牌社区的话题比订阅者、粉丝和关注者的话题要深入得多。社区不仅是人际联系品牌体验的有效组成部分，还代表了传统营销和场景营销之间最明显的区别之一。下面我们会详细讨论。

通过品牌社区让一切变得个性化

最终，所有品牌都需要转向更分散的社区模式。人们把这些称为社区网红培养计划、员工口碑传播团体和品牌大使。这些本质上都意味着同一件事——人，无论是网红、员工，还是品牌传播者，他们都会通过自己的个人社交渠道来传播品牌。

　　为什么这样的社区对于场景营销如此重要呢？每个社区成员自己的好友列表、粉丝列表都为人与人之间的接触打开了大门（数量呈指数级增长），每个成员与受众的个人联系都使体验更有可能突出重围，由此带来的机会比品牌试图从社区外部闯进来要多得多。此外，当许多人都开始分享体验时，这种组合参与度就会成为人工智能的信号，能够扩大影响力的覆盖范围。品牌口碑传播者和网红的受众总和可能比品牌的受众要多得多，这样一来，你的品牌体验将拥有无限的场景。更重要的是，这些社区成员与他们的粉丝之间经年累月地发展出了深入的关系，你的品牌则能够立即受益于这些人与其受众建立的信任。这就是品牌口碑传播者的力量。

品牌口碑传播者和他们的"超能力"

　　品牌口碑传播者是营销人员当下可以支配的一个非常强大的工具。记住，在这个无限媒体时代，每个人都可以创造媒体，所以品牌需要找到方法来撬动时代，而不是与内容竞争。

在 Salesforce，我们创建了一个 Salesforce 客户 MVP（最有价值选手）的队伍，当中的人都非常喜爱我们的品牌，他们已经成为品牌的口碑传播者。他们帮助 Salesforce 创建更大的社区，加强我们的品牌和客户之间的联系。MVP 支持 Salesforce 的 Trailhead 项目——这是一个教育平台，在这个平台上，每个人（不仅仅是客户，而是任何想参加培训的人）都可以加入并参加学习，使用我们的技术取得更好的成绩，以助力他们的职业发展。参与者完成各种主题的课程，从如何开始使用 Salesforce 技术到销售、服务和营销部门的最佳实践，完成课程就能获得"徽章"。

在乔纳森获得了一枚 Salesforce 的 Trailhead 社区新徽章后，他在领英上分享了这一消息。Salesforce 点赞了他的帖子，MVP 贝卡也点赞了。因为贝卡在乔纳森的帖子下方评论是人与人之间的互动，所以这更有分量，同时充分体现了 Salesforce 的品牌。这就是像 Salesforce 的 MVP 这样的品牌口碑传播者代表品牌采取行动，去加强与客户的关系，并以高度场景化的方式通过人际联系来推广品牌的方式。

还有另一个例子。SocialChorus（社交营销技术公司）发现，公司员工的社交关系数平均是品牌本身的 10 倍。例如，特斯拉公司有 200 多万名粉丝，而其首席执行官埃隆·马斯克却有2 200多万名粉丝。许多公司都有不少高水平的员工，他们在各种社交媒体平台上拥有大量的粉丝，即使是普通员工的数量不多的粉丝也可以成为非常强大的品牌扩音器，让品牌人际联系的工作成效得以提升。计算结果表明，135名员工的社交媒体账号在网站上分享品牌体验所产生的影响与一个单一品牌向100万人以上的受众分享体验所产生的影响相同。[3]考虑到单个B2B品牌平均只有5万名社交媒体粉丝，用同样的计算方法，公司只需要6名员工就能达到同等规模的受众影响力。

许多公司会从好几个部门招募同事来宣传相关的品牌体验（例如，品牌的信息技术人员会宣传与技术相关的体验和会议）。但至少，所有的营销人员和销售人员都应该花一些时间来分享和参与代表你的品牌的帖子，以及评论和分享相关品牌、行业领袖和你的品牌受众发布的内容。这类活动可以增加你的品牌的人际互动，以及提升品牌体验的整体场景。

销售团队可以通过成为品牌口碑传播者来实现巨大的飞跃，同时使用人际联系的品牌体验来建立连接，从而推动消费者旅程。这通常就叫作社群营销（social selling）。事实上，AT&T（美国电话电报公司）将人际交流作为其开拓新客户的主要方法，通过结合针对性的社交媒体对话和内容分享来获取关键潜在客户。AT&T的销售团队首先研究了关键潜在客户在社交媒体上的表现，以及他们可能会关注的行业专业人士（特别是在推特和领英上）。该团队使用了前文中描述的"涨粉第一"方法，并加入了这些客户所在的群组，通过在类似的跟帖中发表评论，以及加入对潜在客户来说重要的问题的对话，来增加他们与潜在客户的联系。

再次强调，将品牌置于幕后对于人际场景营销的成功至关重要。因此，当AT&T销售人员与潜在客户和行业领袖互动时，他们在评论或问题中完全没有"卖货"的意思。通过他们自己的（被许可的）社交网络，他们参与收发社交媒体信息，在相关帖子中提到关键的潜在客户，直接与整个群体分享内容，并祝贺潜在客户获得商业奖项——对他们的潜在客户和行业重要的对话保持关注，而不一定仅限于关注AT&T。这项活动的累积效应是创造了多种人际联系，这是很难通过电话和电子邮件建立的。我为什么这么说呢？因为推销电话是没有场景的。虽然韦斯利在之前证明了推销电话是有价值的，但它只在有足够的场景时才有用。推销电话里不会有场景，但售后的后续信息则不然。此外，人们不愿意把他们的时间和注意力花在"某一个品牌"上，但他们可能会花在一个人身上，就像我对联系我的装备发烧友韦斯利所做的那样。认识到这一区别很重要：AT&T的客户会更愿意和一个恰好在AT&T工作的人互动，而不是和AT&T这个品牌互动。

从场景营销方面来讲，AT&T的一名员工说："通过询问与内容相关的具体问题，以及在推特上提到特定的客户和感兴趣的人，我们收到了客户的参与，他们开始问问题，同意或挑战我们在博客中提出的观点……他们说，我们的方法是'令人耳目一新'的，因为我们与他们建立了关系，而不是通过推销电话、电子邮件和会议轰炸他们（就像竞争对手所做的那样）。"贯彻这项策略首先要识别出一个社区，并通过人际联系的体验积极地成为其中的一部分，这是个性化要素的最高层级，它为AT&T的新业务直接带来了4 000多万美元的收入。[4]

* * *

一旦你把品牌体验变成了个性化的、可得即用的和被许可的，它就会突出重围，之后的两大场景要素——真诚同理和价值观明确，将决定你的品牌如何被接受，以及你的受众是否会与它互动。换句话说，场景架构图中的最后两个要素决定了你的品牌体验能否获得最终的成功。它们的作用不仅仅是锦上添花，它们是场景营销革命的核心和灵魂。下一章我们将探讨真诚同理的内涵。

第 7 章
真诚同理：同时结合品牌声音、同理心和渠道一致性

真诚同理很容易成为场景架构图中最具主观性的因素。对于什么是真诚同理的沟通，每个人都有不同的想法。但如果做错了，你就会付出代价。即使你的品牌体验已经达到了可得即用、客户许可和个性化几大要素中最高的场景化程度，如果它没有触及真诚同理，那么它也会失败。我们可以看一看百事可乐的例子。

在一段以超模肯达尔·詹娜（Kendall Jenner）为主角的视频广告中，百事可乐试图以"社会正义"为主题与观众建立联系。作为世界上最大的品牌之一，百事可乐拥有一批广告代理商，毫无疑问，他们将这段视频作为一场协同营销（从付费媒体到网红营销）的一部分。然而，这则广告却遭遇了滑铁卢，

刚发布几天就被撤下。

　　结果并不是简单的没有达成目标——比这还要糟糕得多。观众因百事可乐将其品牌与美国社会正义运动联系起来而感到愤怒。他们认为,这段视频是在利用当前的运动和抗议,是一种试图利用他人的困境来获取公司利润的行为,十分粗鄙。这则广告引发了一场负面新闻的风暴,民权运动领袖马丁·路德·金的女儿伯尼斯·金(Bernice King)也发了一条推文(见图7-1)。

Source: https://twitter.com/berniceking/status/849656699464056832?lang=en.

图 7-1

一旦被受众认为不真诚，无论哪个品牌都会束手无策。一开始，百事可乐公司还为这则广告辩解，说这是在宣扬不同种族的人以一种"和谐的精神"走到一起。但在广告发布后24小时内，百事公司就撤下了广告，并道了歉，声明其试图"传达一种团结的信息……但显然没有达成目标"[1]。

要判断出你的品牌是否做到了真诚同理并不容易。许多时候，情况并不是像百事可乐的例子那样的，一点儿也不。这就是为什么这一步很容易出错，有时品牌还会错得离谱。当你接触受众的时候，你会有更加精准定义的场景化体验——获得个人消费者的许可，让这些品牌体验变得可得即用以及个性化（甚至是人际联系）——你的互动质量是最重要的。其他一切都退居次要地位，以提供一种高质量、真诚同理的体验。这意味着与消费者互动的质量不仅仅取决于你的品牌、服务和产品，还取决于与你的品牌相关的每一个人：内部品牌大使、服务专员、网红，甚至你的公司领导。简而言之，人们希望品牌在每一个接触点都更人性化、更真实。没有什么比这更重要的了。

但是，究竟是什么让一件事变得真实呢？我们都熟悉"真实"的基本含义，特别是当它指一件物品时，例如一幅被认为是真实的或原创的特定时代或艺术家的画。当遇到其他人的时候，我们大多数人也理解真实的意思。这是一种描述他们举止和风格的方式。当我们直觉上认为一个人的行为方式符合他或她的内在自我，我们就会说这个人是真实的。这种类型的判断是一种更加主观和模糊的概念，但它仍然是人们倾向于以一种或另一种方式达成一致的明确的洞察力。这就是我们在真诚同理要素中所谈论的。

那么，我们营销人员如何使我们的品牌体验与品牌价值真实一致呢？

何为"真诚同理"

由于真诚同理要素具有主观性，它与场景架构图中的其他要素有着重要的区别。它不是建立在营销人员可以寻求达到的越来越高的真实性的连续体上，而是包含了三个同等价值的品质，这些品质结合在一起创造了真诚同理——品牌声音、同理心，以及与你传递体验的媒体渠道保持契合。提升这些品质中的任何一个，你的品牌体验都会更加场景化。但当品牌同时拥有以上所有品质时，这就是一个最好的机会，品牌体验就会很真实，你的受众参与其中会感到有人情味（见图7-2）。

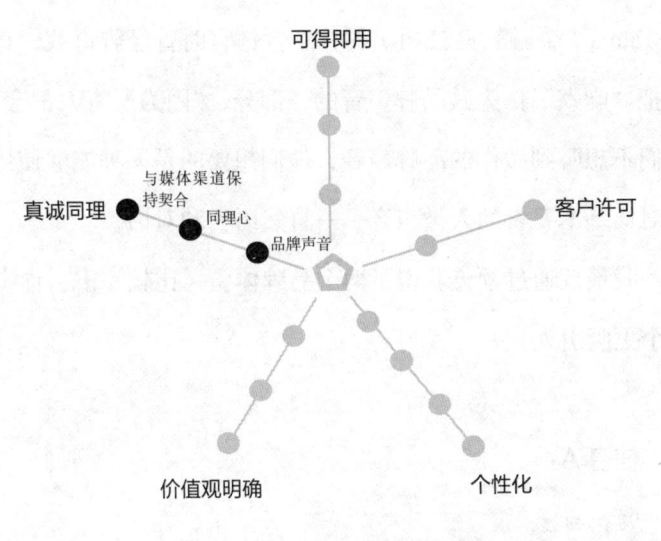

图 7-2　场景架构图（真诚同理）

品牌声音

我们都知道建立品牌形象的重要性。但是，在贴近消费者的场景中，品牌声音是如何改变品牌体验的呢？简单地说，它在追踪品牌核心声音的同时，会变得更加口语化。例如，如果你是一个金融服务品牌从业者，你可能会认为你的品牌声音应该是严谨和正式的，因为人们会严肃地对待金钱，所以这种保守的语气是合理的。虽然人们确实把钱看得很严肃，但认为这些对话必须严谨和正式的想法并不正确。乔·海兰德在担任 Taulia（金融软件公司）的首席营销官时曾经告诉我，该公司把"幽默"作为其品牌声音的一部分，"因为所有人都会笑"。人们不想听到做作的品牌声音，他们想要的是一种能够使用人类对话基本要素的人类声音——自然语言和对话。

我最近通过领英获得了两个品牌体验。比较一下，你觉得哪个更吸引人？

信息 A：

嗨，马修，

我叫×××，是青少年营销企业×××的联合创始人。

我们是谁？

- 战略、社交媒体、创意和体验式营销服务。
- 本企业不仅经常被评为本州"最佳工作场所"，还被《户外探索》等杂志等评为"最佳工作场所"，所以我们吸引了最聪明、最努力的营销人员。
- 我们从未停止学习，不断努力提升，并为客户提供关于青少年文化的教育，我邀请你阅读我们最近发布的一些白皮书。
- 我们为亚马逊、百事、迪克体育用品公司等《财富》500强公司服务，但我们也为勇于挑战者、后起之秀以及试图以一种真实的方式与青少年建立联系的品牌服务。

- 自 1995 年成立以来，我司的客户保留率是行业平均水平的 3.5 倍。

如果你认为我们提供的营销类型可以为你服务，欢迎联系我。

真诚的，
×××

信息 B：

嗨，马修，我可以给你发送一份我们的营销自动化最佳实践指南吗？根据你最近的一些推文，我想你可能会感兴趣。欢迎联系我（包括告诉我发送到哪个电子邮件地址）！多谢，莎丽。

信息 A 读起来如同一个幻灯片演示，这使得邮件结尾的敬语——"真诚的"看起来近乎滑稽。这种品牌体验是完全不真诚的（尽管在要点中使用了"真诚"这个词），但它不必非得如此。通过对所使用的声音给予哪怕是一点点的思考（以及让它具有同理心，就像你马上会看到的那样），信息 A 就可以转化为一种真诚的人际联系的体验。例如，作者可以放弃使用流行词，不要抬高身价，而是使用自然的接地气的语言来尝试让我围绕共同的兴趣开展对话。

信息 B 虽然简短（通常是加分项），但更真实，因为它具备以上提到的品质。信息发送者通过参考我在推特上发布的推文，让我知道她已经做了功课，她用口语给我写私信，并围绕一个共同的话题展开了对话。你觉得我回应了哪一个？

同理心

没人在乎你的品牌。但如果你能证明你在乎人们，他们可能会开始在乎你。这就是同理心的由来，它不同于同情心。同情心是指在看到别人命运的不幸时，产生同情或怜悯。而同理心更进一步：它是关于从他人或其他群体的角度来看待和理解事情的。当我们谈到打造真诚同理的品牌体验时，同理心是关键。

如果你试图向大众传递一种体验（比如本章开头讨论的百事可乐的广告），做到这一点尤其重要。从本质上讲，大众传播自动地不那么具有场景联系，不涉及我们在前一章中探讨过的个性化连续体。但这并不意味着这样的品牌体验不能够真诚同理。

百事可乐的广告之所以出了问题，是因为它暴露出品牌缺乏同理心。尽管在百事可乐的声明中，它试图表现出这种同理心，但人们认为这则广告毫无同理心，原因有很多，首先是百事可乐使用了一名没有激进派运动经验的时装模特（詹娜）作为广告中的抗议形象。然后，在视频的结尾，这则广告显然试图影射一张广为流传的照片：在路易斯安那州的巴吞鲁日，一个名叫伊什亚·埃文斯（Ieshia Evans）的平凡黑人母亲站在警察面前请命，结果却被上铐逮捕。（在警察枪杀奥尔顿·斯特林后，这是一个真正的抗议者的遭遇。）这些竟然都是为了卖一款饮料。

百事可乐的营销人员没有停下来想象一下，它的大部分观众看到这则广告会产生什么感觉。事实证明，这是一个代价昂贵的、有损品牌的错误。它不仅收到了马丁·路德·金的女儿伯尼斯·金的尖锐评论，而且收到了一名真正的激进派——德雷·麦克森（DeRay Mckesson）的推文："如果我当时带着百事可乐，我想我永远不会被逮捕。谁知道呢？"

在设想品牌体验时，你要有同理心，这不仅能帮助你避免与百事可乐类似的错误，还是一种使各种规模的品牌冲破噪声、被人们记住的方式。我们想给我们的受众他们想要的，而不仅仅是占用他们的时间。这就是Wistia（视频平台）通过它的市场调查取得巨大突破的方式——这也许是终极的"强行推销"。它通过运用同理心做到了这一点。

我们大多数人都曾围坐在会议桌旁讨论如何为我们的受众创造更好的内容。而 Wistia 团队可能是这样做的，他们认为，简单地询问受众他们真正想从视频服务中得到什么，会更加真诚同理。营销人员不仅需要做调查，而且不愿意让客户做他们自己也不愿意做的事情。同理心能提供解决方案吗？他们的调查请求至少能让人感到愉快，即使他们无法让调查本身变得有趣。

他们决定在办公室里拍摄一段视频，前景是 Wistia 的一名员工，背景里是其余的团队成员，他们的形象略有失焦。影片聚焦的团队成员首先会阅读一份简短的说明，阐述他们的难题：他们想要制作更好的内容，但需要你——观众，让他们知道你想要获得什么。在该成员读完说明后，她直视着镜头，直接要求观众参与调查。然后，奇迹发生了。当这些动作结束时，她退到一列舞者之中，同时音乐响起，整个公司开始跳起滑步舞，并齐声唱道："嗒，嘟，嘟，嗒，嘟，嘟，做调查！嗒，嘟，嘟，嗒，嘟，嘟，做调查！"这个场景持续了整整 1 分钟，非常令人愉快。Wistia 不仅传达了对观众的同理心，而且体现了其品牌的真诚同理，因为它是一家另类的视频公司，用另类的视频来创造体验。

Wistia 是一个另类的品牌，所以视频中的品牌声音正是观众所期望的，尽管如此，营销部门部还希望它能很好地吸引观众。反响非常好。Wistia 的视频让此次调查获得了有史以来最高的参与度，而且它的受众也以前所未有的方式与公司建立了联系（见图 7-3）。

> Tariehk @ osiaffiliate · 3 years ago
> 视频不错！我刚跟着跳完，让我喘口气，然后参与调查。
> 1 ^ · Reply · Share ›
>
> Jessica Sideropoulos · 3 years ago
> 太魔性了，我做了调查之后把视频又看了一遍。
> 10 ^ v · Reply · Share ›
>
> Mimsie → Jessica Sideropoulos · 3 years ago
> 我也是！
> 2 ^ v · Reply · Share ›
>
> Francisco Rosales · 3 years ago
> 我宣布我想去 Wistia 应聘。
> 3 ^ v · Reply · Share ›
>
> Mackenzie Fogelson · 3 years ago
> 这是我最喜欢的 Wistia 视频。没有之一。我喜欢你们。
> ^ v · Reply · Share ›

Source: Wistia Learning Center Blog.

图 7-3

Wistia 的调查邀请帖子总共获得了 41 条评论，所有评论都是类似的。想象一下：你让人们参与一项调查，并不是牵着鼻子让他们去做，而是让他们投入其中，所以他们自然会为你的公司工作。

同样，西南航空公司因为对航空旅行的考验和困难完全感同身受而赢得了客户。该公司不仅是少数几家允许乘客免费托运行李（最多两件！）的航空公司之一，而且也明白空乘人员的例行安全信息演讲有多么枯燥无味，尤其是对经验丰富的旅客来说。那么，这家有创意、真诚同理的公司是怎么做的呢？和Wistia一样，它决定传达一种共情的信息：我们知道你讨厌这个，所以我们尽最大努力让你觉得不无趣。这就是为什么西南航空鼓励空乘人员用生动的方式来展示，加入他们自己的个性和段子来取悦乘客。在行业刊物《转变》上发表的一篇采访中，西南航空飞行保障部门的机长兼主管杰夫·哈姆雷特（Jeff Hamlett）说："在满足所有安全和监管要求的前提下，我们鼓励我们的空乘人员通过段子、歌曲或其他方式进行机上安全简报。"[2]

西南航空是如何知道自己的策略正在奏效的呢？西南航空的乘客们发布了空乘人员进行安全演示的视频——从脱口秀到说唱，甚至滑稽的异国舞蹈，应有尽有。其中一些视频迅速走红，有一个视频的点击量甚至超过2 400万次！当一个品牌给它的体验带来共情时，这就是它的吸引力所在。

与媒体渠道保持契合

除了正确发声和对你的受众有同理心外，传递真实的品牌体验意味着将其与人们能找到它的媒体渠道对齐。在所有频道都发布相同的内容是错误的。记住马歇尔·麦克卢汉的话：媒介即信息。也就是说，在推特上的真实品牌体验不会在领英上自动产生真实的感觉，尽管二者都是社交媒体平台。消费者使用每一种社交媒体的原因各不相同，当你依照渠道性质来提供真诚同理的品牌体验时，你就能更容易地实现突破。

国际快餐连锁店温蒂汉堡就明白这一点。我们来看看它用来回答推特用户发布的问题的超级口语化的品牌声音（见图7-4）。

推特是一个快节奏的实时的渠道，人们在上面交流各种各样的事情。温蒂汉堡发现，如果通过"吐槽"加入这些对话，它可就以让自己的品牌与受众保持联系。我们来对比一下温蒂汉堡与麦当劳，前者每条帖子的平均参与度为6 000个点赞、评论和分享，而后者在推特上虽然有100多万名粉丝，但每条帖子的平均点赞、评论和分享只有600个。这是因为麦当劳在推特上发的大多数帖子都以产品为中心，看起来像广告——与渠道客户调性完全不一致。温蒂汉堡参与客户自然的对话，与渠道调性契合后，一切都变得不同了。

依照渠道的目标，真诚地匹配你的信息，这种做法适用于

> 温蒂汉堡
> @Wendys
>
> 决定做鸡柳花了1分钟，我们把做鸡柳这件事一直做到今天。比如现在，你们现在就应该买我们的鸡柳。
>
> > Londonn @_londinaa
> > 温蒂汉堡是何时推出鸡柳的？
> > 10:31 AM - 17 Jul 2018
> > 194 Retweets 4,292 Likes
> > 295 194 4.3K
>
> Jessica @drum_ear · Jul 17
> Replying to @Wendys
> 我的一个怀孕的同事每天都吃温蒂汉堡的芝士薯条。他未来的孩子应该叫温蒂。
> 2 1 24
>
> Wendy's @Wendys · Jul 17
> 这名字不错。
> 1 57

Source: https://twitter.com/wendys/status/1019243297141817344?lang=en.

图 7-4

所有品牌以及任何垂直领域。例如，Instagram 通常被看作一个消费者渠道，这不利于商业品牌在上面运营，但品牌只要可以匹配真诚的媒体性质，就可以突出重围。下图中，WeWork（众创空间）就将它发布的帖子与 Instagram 的精神进行了匹配（见图7-5）。

我们从这篇帖子及其受众的反应可以明显看出，WeWork

和温蒂汉堡一样,也花了时间来评估特定媒体渠道的独特性质,这使得它的帖子在当时是真诚的。这并不难做到,因为每个渠道都清楚自己的独特之处。在推特上发帖字数有限制,那就让简短、俏皮的对话成为门票。Instagram 的独特之处在于图片,图片是参与的焦点,而文本不是。所以,与 Instagram 保持契合就意味着将交流内容从文字转向图片。WeWork 没有试图通过文字告诉人们公司的办公室装修得很漂亮、很有设计感,工作环境也很好,而是用自然的声音、对话和同理心来展示这些东西。这样一来,WeWork 在真诚同理要素上将其品牌体验与渠道调性保持了一致,从而实现了突破。

Source: WeWork Instagram feed.

图 7-5

* * *

我们刚刚提到的真诚同理要素的三个品质——品牌声音、同理心和与媒体渠道保持契合——适用于你创造的每一个品牌体验。忽视这些品质会让你的品牌处于危险之中,但关注它们会彻底改变你的受众对你的品牌的看法。

接下来,我们将探讨场景架构图中的最后一个要素,它与真诚同理密切相关。这一要素通过帮助品牌在一个共同目标的空间中与他们的受众相遇来完成场景营销。

第 8 章
价值观明确：
在产品之外与品牌建立更深的联系

在最高层次上创造场景化体验取决于你是否清楚你的品牌存在的原因。价值观明确是场景架构图中的第五个要素，也是最后一个要素，通过将品牌体验的焦点从产品或服务本身转移到与客户更深层的联系上，这可以帮助你弄清楚品牌存在的原因。真诚同理指的是你能在多大程度上超越预期，而价值观则是执行过程中背后的故事情节、引导力量和总的主题。它是营销的核心。

一旦你明确了品牌的更高目标，你就能更容易地找到自然的方式，在任何时刻、任何体验中与受众分享这个目标。更重要的是，你创造的体验将能够远远超出你所销售的产品的限制。这很重要，因为你的产品在一个人的一天、一周或一个月里只属于那么几个时刻。如果你希望在客户的生活中占据更大的份额，你就必须在更高的层面运营。

当然，让你的品牌围绕着更高的目标运营，原因并不是全新的。几十年来，各类品牌一直在为找准价值观而努力。20世纪70年代，美国户外运动服饰品牌巴塔哥尼亚（Patagonia）成为第一个大规模这样做的品牌。所以，虽然大多数营销人员都认同价值观是一个强大的差异化因素，但为什么没有更多的公司这么做呢？因为确定价值目标并不容易，更不用说就如何表达价值观达成一致了，这让许多品牌陷入困境。

2017年，Salesforce对这个主题进行了研究，发现有三个原因会导致品牌不做任何价值观方面的工作。[1]

- 我们不想冒险发布让受众两极化的信息。
- 我们不知道如何把我们的价值观与营销策略联系起来。
- 在明确价值观方面，我们没有足够的管理层支持。

我认为，第一个问题背后的原因是企业和营销团队把价值观错当成了"社会价值"。如果首要原因是担心客户分化，那么这是有道理的，因为品牌如果主要关注社会问题，可能会引起争议。

企业最好能在自身环境中找到品牌的价值观。你需要做的只是扩大你的视野，找到你的品牌在世界上更高维度的功能，并致力于支持它。做出这样的承诺是关键，价值观既不能作假，也不能只是说说而已。但最重要的是，即使暂时把营销放在一边，当你的公司确定并致力于实现一个更高的目标时，这一行动对你的员工和你的内部文化都会产生非常积极的影响。众所周知，品牌建设始于内部。

今天，已经有一些公司清楚地表达了自己的价值观，并将这种价值观与自己的品牌保持一致。

- 电动汽车制造商特斯拉："加速全球向可持续能源转型。"
- 宝洁旗下的卫生棉品牌Always："给女性以信心。"
- 软件供应商Salesforce："成为一个带来变革的平台，通过服务所有利益相关者——员工、客户、合作伙伴、社区和环境来让世界变得更好。"

每一家公司都把自己的思维从产品或服务本身提升到与其市场的共同联系上——"市场"是所有利益相关者的总和，包括合作伙伴、社区和客户。特斯拉并不想制造最好的汽车，它寻求的是一个更高层次的可持续性平台。Always的关注点并不在女性卫生，它关注的是女性更深层次的情感。这几个品牌的关注点将公司及其角色从一个生产者延伸到"一个有价值的社区成员"。这使它们能够进入更大的市场，并与客户建立更深入的联系，创造更强大的品牌。明确品牌的价值观是相对简单的，如何让品牌与价值观共生才是棘手的部分。你的品牌如何与你的价值观相匹配是达到更高层次场景化的关键，从大众营销到高度个性化的人际互动，所有品牌活动都在考虑范围之内。

像场景架构图中的其他要素一样，价值观是否明确，取决于场景化程度从低到高的连续体。

价值观连续体

场景架构图中呈现的所有连续体水平都是有价值观且价值观正向的，但并不是所有这些都能达到相同的结果（见图8-1）。品牌必须认识到不同类型的价值观的差异，它们的局限和效果。

在价值观连续体最底层是企业社会责任。TOMS（美国休闲鞋品牌）和巴塔哥尼亚等品牌将企业社会责任作为一个定义品牌的标准，并且通常将其作为它们所有工作的背景。让我举一个场景化程度更高的例子，比如Sambazon（天然食品和饮料公司）就邀请其受众共同创造一种品牌体验，所有这些体验都基于公司和客户共同的价值观。

可得即用

真诚同理　　　　　　　　　　客户许可

企业社会责任

品牌行为

共同行动

价值观明确　　　　　　　　　个性化

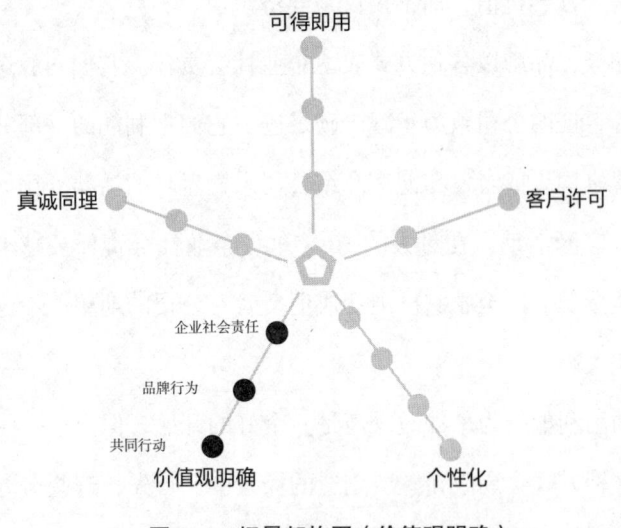

图 8-1　场景架构图（价值观明确）

企业社会责任

企业社会责任是展示企业或品牌社会认知的传播载体。企业社会责任运动的起源可以追溯到 1953 年，美国经济学家霍华德·鲍恩（Howard R. Bowen）在《商人的社会责任》中对企业社会责任的定义如下："（企业社会责任是）商人执行政策、做出决策与遵守行为准则的义务，而这些政策、决策和行为准则是符合我们社会的目标与价值观的。"[2] 在此后的几十年里,鲍恩和他的许多粉丝为公司的行为提供了理论依据,使其更符合社会价值,而不仅仅是经济价值。

如今,品牌以各种方式表达企业社会责任。它们向股东提交报告,证明公司致力于减少碳足迹。它们把利润的一部分捐给慈善机构,或者发布博客介绍公司志愿者日的活动,比如国际仁人家园活动。在过去的10年里,企业社会责任被越来越普遍地接受,以至于它已经变成消费者对公司的期望,不论公司规模大小。

利用利他行为来冲破噪声是一个好的开始,但由于一些原因,这种方式会局限在它所创造的场景中。首先,这些努力完全符合有限媒体时代的变革动力,在有限媒体时代,信息为王,并向一个方向流动。如果你想给你的受众留下深刻印象,你只需要说:"嘿,我们将从你的每笔消费中捐出10%来拯救×××(此处插入你的理由)。"但正如本书前面所讨论的,简单地告诉你的受众一些事情已经无法再让营销有效了。他们不会听。虽然我们现在传递的信息关乎产品以外的东西,但我们仍然在做传播。其次,大多数阐述企业社会责任的说法都处于场景架构图中较低的水平,因为它们与产品或服务的关系并不密切。因此,虽然企业社会责任对企业来说显然是好事一桩,但除非营销人员找到与品牌目标消费者就这一问题进行互动的方法，否则它就不会具有场景性或有效性。

品牌行为

比起企业社会责任，价值观连续体上水平更高的是品牌行为，即努力分享与品牌相关的核心价值，但不关注产品本身。女性卫生用品制造商 Always 提供了一个杰出的样例。多年来，Always 一直明确表示自己的宗旨是"给女性以信心"，它甚至在广告中也使用了这句话。当 Always 决定寻找一些新方法，使其价值观与受众保持一致时，它首先进行了市场调研。这项研究并不是简单地问一问被调查者关于自信的问题，而是能在心理学期刊和其他来源上看到的更深入的学术研究。所有这些都是为了更好地理解女性的自信心如何随着时间的推移而变化。

研究表明，女性的自信心在 16~24 岁下降得最厉害。[3] 研究还显示，在青春期，女孩的自尊心下降幅度是男孩的二倍。最糟糕的是，数据显示，女性的自尊水平再也不能恢复到青春期前的水平。如果"给女性以信心"是 Always 这个品牌的宗旨，那么它必须解决影响女性一生中关键阶段的问题。这项研究结果显示，影响女孩自尊心的主要原因是社会的性别刻板印象，即权力和力量只与男性和男孩联系在一起。男孩不应该做"像女孩一样"的事情，这些信息强化了性别刻板印象，即"像女孩一样"会让他们显得无能。当然，与此相关的信息是，女孩没有力量或强壮的身体。

Always的公司领导认识到，要实现"给女性以信心"的目标，就需要采取行动打破刻板印象，改变"像女孩一样"的含义。该公司决定进行一项实验，在实验中，年轻女孩（青春期前）和成年女性被要求做相同的任务。最终，3分钟的短片传达了一个惊人的信息，镜头在年轻女孩和成年女性之间来回切换。例如，当被要求"像女孩一样投球"时，还没有接受社会刻板印象的女孩们像职业棒球手一样挥臂和投球；成年女性却做出一种尴尬的动作，好像她们以前从来没有投过球一样。同样，当被要求"像女孩一样跑步"时，年轻女孩们像美国女子田径运动员弗洛伦斯·格里菲斯-乔伊娜（Florence Griffith Joyner）一样冲刺；但是成年女性已经完全理解了指令中要求的"像女孩一样跑步"的意思——她们软绵绵地甩动着腿，表现出刻板印象。年轻女孩对"像女孩一样"的认知与成年女性的认知形成了鲜明的对比，这一反差在巨大的受众群体中获得了突破，不仅为Always创造了利润，也促成了关于这个议题的重要讨论。

这段视频被观看了 9 000 多万次，在头三个月里就激发了 17.7 万多条带有"# 像女孩一样"标签的推文。在 Always 的目标市场中，购买意向增长了 50% 多。最令人印象深刻的是，视频发布后进行的一项研究显示，近 70% 的女性和 60% 的男性表示："这段视频改变了我对'像女孩一样'这句话的看法。"

尽管这条带有价值观的视频是一场大众营销，但在"# 像女孩一样"标签下的大量分享证明，许多人在社交网络上通过一个场景化体验遇到了 Always，这次场景营销背后的推动力显然是品牌的价值观，而不是它的产品。虽然 Always 是一个女性卫生用品品牌，但是有 60% 的男性声称这段视频改变了他们的看法，这一事实提供了更多证据：当女性把女性卫生用品展示给他们生活中的男性——她们女儿的父亲，她们的儿子、叔叔和祖父时，这表明此次营销在很大程度上是通过场景进行的。

共同行动

我们需要注意的是，营销已经不再意味着像 Always 视频那样的大规模且昂贵的营销活动了。虽然这种大规模的一对多的营销活动还将继续下去，但它们需要与相关的场景化品牌体验相联系。好消息是，还有许多其他的策略可以让你与受众分享你的价值观，在这里你不仅仅是投射信息，而且是在消费者自己的场景中与他们合作。也许最有效的方法是共同行动。

  Sambazon 公司主要生产以巴西莓为原料的食品和饮料（如冰沙），它有一个获奖的案例[4]，说明了一个品牌如何在不直接营销产品的情况下专注于一个共同的目标，并且与个人共同创造行动。2018 年 5 月，Sambazon 网站要求受众在 30 天内帮助拯救 30 个濒临灭绝的物种，具体做法是人们被要求将自己的头发染成紫色，在社交媒体上发布照片，分享自己的紫色头发，并加上 #purplefortheplanet（染紫发保护地球）的标签。只要多一个人这样做，Sambazon 就会买下 5 英亩①的雨林。保护科学的研究表明，物种的灭绝在很大程度上是因为栖息地的丧失，而大多数物种的多样化都发生在雨林之中。因此，每保护 538 英亩雨林，实际上就能拯救一个物种。也就是说，大约每 100 人参与活动，就可以拯救一个

---

① 1 英亩 ≈4046.86 平方米。——编者注

物种，计算一下，这意味着需要有约3 000人做出承诺，才能拯救30个物种。此外，巴西莓生长在热带雨林中，所以Sambazon的价值观可以自然地与它的品牌相结合，同时它也实现了社交目的（关于你的价值观如何做到两者兼得，这是重要的一课）。

该项目是Sambazon和雨林信托基金"一英亩保护计划"的合作项目，该项目负责实际购买和保护森林的工作。除了营销活动，名人网红，如2012年奥运会体操金牌得主乔迪·韦伯也帮助传播了这个消息。这场营销活动取得了巨大的成功，仅在Instagram平台上就有超过5 000人参与。最终，Sambazon、雨林信托基金和成千上万人拯救了地球上30多个濒临灭绝的物种。

那么，拯救濒危物种是如何帮助Sambazon的呢？这体现在以下几个方面。首先，Sambazon能够与受众一起实现一个共同的目标。品牌和许多消费者都想为地球做些好事，这就是一件他们可以一起做的事，并且这样做能够加强品牌和受众之间的纽带。其次，Sambazon以一种有意义的形式利用它的受众在高度场景化的情境下接触了其网络之外的其他人。

它是怎么做到的？Instagram上的5 000多条帖子都提到了Sambazon，它们不仅仅是帖子。在照片里，参与者都染着紫色头发——这是一个相当与众不同的行为,被分享给数千名他们的个人联系人。这是社交媒体的黄金,因为把头发染成紫色肯定会引起家人和朋友的评论或转发,他们比随机刷到的人更有可能分享相似的价值观。当那些通过 #purplefortheplanet 标签接触 Sambazon 的人下一次在商店或网上购物时遇到这个品牌,他们心里会有一个积极的形象,并与该品牌建立更深层次的联系。这种现象被称为"数字口碑"(digital word of mouth),它是高度场景化的。在传统的大众营销中,要达到这样的效果花费不菲。但 Sambazon 向我们展示了它在无限媒体时代是如何做到的:通过直接与个人合作来实现一个带有价值观的目标(让地球变得更健康,而不是推销 Sambazon 自己的产品),以一种高度场景化的方式向一个高度有针对性的潜在客户群体展示其品牌。

科托帕希(Cotopaxi,户外服饰品牌)也基于共同的价值观与个人一起创造行动。该公司由斯蒂芬·雅各布(Stephan Jacob)联合创立,他希望将自己对旅行的热爱(尤其是在南美洲旅行——该品牌以厄瓜多尔国家公园科托帕希命名)与扶贫商业模式结合起来。每一个消费者的购买行为都将有助于为生活在世界上最贫穷地区的人们改善生活。但雅各布拔高了公司的社交目的,来体现服饰品牌的价值观,他说,他的品牌服装代表了他在厄瓜多尔期间体会到的"乐观、积极的冒险精神"。雅各布不是简单地传播这一信息，而是通过创建Questival活动，把这种精神带到科托帕希的消费者和粉丝居住的城市。

例如，参加Questival 24小时冒险比赛的人们需要完成不同类别的任务，如健身、露营、服务和团队合作。一个人可以用纸板做一个独木舟，让队友在水上漂浮5秒钟，而另一个人可以捐一箱旧衣服或者戴着吸血鬼的獠牙面具献血。每个任务都能获得相应的分数，比赛结束后，分数会被计算出来，获胜者会获得奖品。科托帕希组织的这个活动在消费者和粉丝中非常受欢迎，2018年参与活动的城市增加到美国和加拿大的50多个城市。人们付费报名，使用话题标签在社交媒体上分享自己的冒险体验，这项活动以高度场景化的方式让其他人接触了科托帕希这个品牌。

通过创造共同行动来实现更深层次的共同价值目标，这种理念适用于所有类型的企业，而不仅仅是消费品和零售业。在Salesforce，我们的目标是成为一个"带来变革的平台"，这不仅意味着帮助企业获得成功，也意味着成为改善他人生活的催化剂。为此，其开创性的1-1-1博爱主义模式将1%的时间、1%的产品和1%的股权用于帮助非营利机构实现其使命。因此，Salesforce的员工在世界各地参与了近500万小时的志愿者活动，为超过4.5万家非营利机构和高等教育企业提供了技术支持，并提供了超过3亿美元的赠款。

Salesforce还将这一目标转化为Trailhead项目（即本书前文中介绍的教育平台），从而在全球范围内促进职业生涯发展。对Salesforce和我们的客户来说，结果都很出色。Trailhead项目自然地聚集了专业人士组成自己的社区，他们高度关注职业发展，想争取更好的业绩。迄今为止，Trailhead社区已有超过180万名学习者。他们总共获得了超过1 500万枚徽章（即一门课程的结业证书），Metacube公司的行动与技术宣传副总裁高拉夫·克特帕尔（Gaurav Kheterpal）这样评论道："我的事业发展稳健，但更重要的是，我已经成为一个全球部落的一员。我从未想过能从一家科技公司身上得到这种归属感。"[5]

深入研究这些数据，我们就可以了解那些加入Trailhead项目来提高技能的Salesforce的客户，从而更有可能推动他们的职业生涯。事实上，Trailhead项目中有1/4的客户找到了新工作。客户与品牌合作，以打造更有意义、更成功的职业生涯为共同目标，这让受众产生了极高的忠诚度，还为Salesforce及其客户创造了更多的利润。Salesforce之所以能做到这一点，不仅仅是因为它宣传"支持职业发展"的口号，更是因为和它的受众共同采取具体行动，运用最高级别的场景来创造卓越的结果。

* * *

既然你已经理解了什么是价值观明确，那么我们就搭建好了场景架构图的五大要素。这些最终取决于你能否付诸实践。为此，我建议你把场景架构图挂在你的书桌或会议室的墙上，每当你开始制订计划时，你就可以看看它。你可以把每个想法都放入场景架构图，然后问自己，我还能做得更好吗？要创造一种更好的体验，你只需沿着这五大要素中的任何一个往外围发展就行了。这个架构图也是一个诊断工具。如果没有得到想要的结果，你就可以把体验绘制出来，你将看到可以改进的地方。场景架构图可以随时作为你的向导，引导你进入更大的场景。

场景架构图的另一个强大的好处是，当涉及经验时，它能够训练你的思维。你会开始将体验视为相互关联的时刻，而不是单一的事件。例如，如果你创建的品牌体验没有得到授权许可，你现在就要开始查看之前的时刻，看看你可以在哪里获得许可，以确保在未来取得更大的成功。

看完整个架构后，你应该对构成场景化体验的要素有了一个扎实的概念,也知道它们是如何复合和叠加的。但这些只是向场景营销模式转型的开始步骤。接下来,我们需要看看,我们如何在不断延展的消费者旅程中将这些体验联系起来,并利用它们来创造动机、驱动需求。

在第三部分中,我们将深入研究执行场景营销模式的战术细节,并将你的公司转变为场景化企业。让我们首先来看看,如何将你的营销理念从广告营销转变为不断流动的消费者旅程,以及这所涉及的一切。

第三部分
在无限媒体时代,品牌应如何做营销

第 9 章
从广告营销到消费者旅程

无限媒体时代已经从根本上扩展了"品牌体验"的定义,这是我们有目共睹的,但在新时代,营销方式也改变了。在本书的最后一部分,我们将研究场景营销的策略。

让我们想想既往的营销活动是如何奏效的。它们就像潮水一样,让尽可能多的客户沉浸在品牌信息和广告浪潮中。"销售漏斗"网罗海量人群,期待着其中一部分人转化为营业额,然后成为品牌客户。

作为场景营销人员,我们正身处在销售漏斗中进行营销,我们用的方法比简单的传统营销聪明得多:我们是向导,引导每一个消费者追寻一段个人旅程。无限媒体时代的营销目标是帮助每个人沿着产品营销道路一步一步地前进。正如我们将看到的,在某些方面,无限媒体时代的营销带来的客户体验就像一条自由流淌的河流。它是一个不断流动的品牌体验系统，无数独立的溪流以多种方式汇聚和分流。

场景营销就是我们引导消费者前进，提供继续前进的动力，无论消费者身在消费者旅程中的何处。为了将个人消费者旅程与营销场景连接或再连接，我们设置了触发因子，这些触发因子分布在整个消费者旅程中，而不仅仅位于场景营销的起点，因为并不是所有客户都从起点开始（同样，我们不是在填充销售漏斗）。在场景营销中，我们依赖于两种触发因子：自然要素和定向要素。正如本书第一部分所述，自然要素是消费者在日常生活中可能遭遇的事情，如宠物狗生病，朋友发来一封电子邮件，甚至是在镜子里看到一根新长的白头发。有定向要素的触发因子是销售品牌主动部署的那些要素，如发送关于新产品的电子邮件，在社交媒体上与消费者互动，或者在品牌官网上设置聊天机器人。营销人员可以使用这两种触发因子以场景化的方式激励消费者，我们将在下一章深入探讨这些触发因子。

各位请注意，随着市场规模的变化以及销售复杂程度的不同，消费者旅程中的触发因子数量以及你需要维持的品牌体验可以呈指数级增长。这就是为什么我们说，能够扩大场景营销规模的唯一方法就是利用自动化程序，我会在这部分详细讨论这一点。而眼下，我们只需要知道触发因子是扩展个性化场景的关键。通过利用广泛的数据，结合新的技术层来创造大规模的定制体验，自动化程序做到了这一点。换句话说，自动化程序（例如潜在客户培养、消费者引导和聊天机器人）贯穿始终，它们将个人消费体验联系在一起并使潜在客户向销售下游流动，走向产品购买。可以说，当潜在客户有购买意愿时，自动化程序会提醒品牌员工前来帮助该客户，并提供最终购买产品所需的推动。

第三部分还提出了一种新的方法——敏捷式开发。今天的营销人员需要这种方法来管理和优化看似庞大的品牌体验网络和他们关心的消费者旅程。最终，在无限媒体时代，我们将开始进入一种新的商业模式——场景营销模式，其中包括新的领导力方法，以及供营销部门衡量和展示其工作价值的工具。

但首先，本章叙述了你现在需要做的关键工作，即绘制消费者旅程，以及场景营销中要求的复杂的执行步骤——客户访谈，这样做可以帮助你准确了解每个人在消费者旅程的各个阶段都在做什么。

所有消费者旅程都需要一张地图

从传统的营销活动转向不断流动、不断融合的场景营销旅程难度很大，很少有品牌能成功实现这种转变（注意，只有16%的品牌业绩出色）。许多公司至少已经放弃了大规模的、传递单一信息的营销活动，转而倾向于频繁开展更小规模且更有针对性的营销活动，但大多数营销活动仍然专注于转化，并不依赖于场景来接触受众。

场景营销与任何好的营销策略一样，始于深入的客户调研。这是一个无法省略或抄近路的步骤。为了了解客户在整个消费者旅程中所处的场景，你需要对当前客户和潜在客户人群进行个人访谈。这类访谈并不是典型的采访或焦点小组访谈，而且只进行一次是不够的。场景营销需要更深层次的调研，访谈的重点要放在消费者旅程和他们的自然活动等细节上。从这些访谈中，你可以总结出"客户画像"，也就是以某一类方式行事的特定群体的典型代表。这将使品牌营销更有个体针对性。

为了进一步了解此类客户调研，我采访了阿达斯·阿尔比（Ardath Albee），她是客户画像开发和消费者旅程规划方面的专家，也是《复杂销售的数字相关性和电子营销策略》一书的作者。她的建议是什么？"你需要倾听，而不是审讯。"她说道。换句话说，掌握让消费者感到舒适的对话技能几乎比你问的问题更重要。你应该让消费者来主导对话，如果他们偏离了采访主题，顺其自然就好。最好的了解消费者的方式就是简单地倾听，并得到你从未想过要问的问题的答案。

此外，阿尔比认为，当你提问时，你永远不应该提到你的品牌名称。相反，你可以谈谈产品本身或服务类别。然后，消费者会畅所欲言，不用担心自己会冒犯你的品牌。你还将了解消费者心中认为一个产品或服务最有价值的地方。

与无限媒体时代的其他事情一样，你需要从市场调研中了解的东西也已经发生了极大的变化。有效的消费者旅程不仅是搜集消费者的年龄、所在地区和其他人口统计特征——这是通过简单观察就可以获得的定向数据。一个好的场景营销调研访谈应该揭示三个关键信息：你的受众在消费者旅程的每个阶段都在做什么（行为）、想什么（思考）以及感觉如何（感受）。[1]

具体来说，围绕消费者正在做什么进行提问，将揭示消费者在每个消费阶段都采取了什么行动，比如网页搜索、使用社交媒体、询问朋友的意见或者逛线下零售店。你如果想知道消费者在想什么，就应该真正深入去了解客户在消费者旅程中的每个阶段想要实现的目标。你针对消费者的感受提问，将有助于你发现他在每个阶段的感受，诸如焦虑或兴奋。

以下是我为消费者调研而设计的问题。我为新消费者旅程 6 个阶段中的每一个阶段都设置了一组问题（我在第 2 章中介绍了这 6 个阶段：构思、认知、考虑、购买、成为客户和口碑传播）。请注意，此处的消费者个人访谈需要品牌开展大量的工作，花费大量的时间和资源。品牌要确保已经做好了准备，并从组织的各个层面获得了所需的支持。还需注意的是，每组问题都以相同的问题结束：你接下来会做什么？你获得的答案将帮助你了解消费者对消费者旅程进程的看法。

构思阶段

第一组问题旨在调研消费者旅程开始时的场景。

- **行为**：你都读哪些出版物？你使用什么社交渠道，在不同的平台上会关注哪些人？（这也将让你深入了解品牌与消费者的共通之处，以指导你打造价值观明确的品牌体验，如第 8 章所述。）
- **思考**：是什么让你对这种产品（或服务）提起了兴趣？
- **感受**：你以前买过这类产品吗？你在搜索过程中做了什么准备？什么情绪最能描述你在这个阶段的感受？

你接下来会做什么？

认知阶段

在这个阶段，你将了解消费者如何从最初的构思过渡到解决方案，以及消费者做出此项选择的原因。记住，购买的风险越高，消费者会考虑的问题就越多，所以重要的是询问他们会考虑什么问题，如何排序，以及他们在这个阶段花了多长时间。

- **行为**：你考虑哪些问题？你是在哪里寻找答案的？你能找到你正在寻找的东西吗？
- **思考**：当你开始寻找解决方案时，你期待得到什么结果？你从这些问题和答案中学到了什么？有哪些问题没有被充分回答？
- **感受**：你会如何描述你在这个过程中的体验？

你接下来会做什么？

考虑阶段

在这个阶段，你的问题应该针对消费者的决策过程，以确定哪些公司被纳入考虑范围，哪些公司最终被踢出了名单，以及原因。同样，你必须知道问题的数量、排序，以及他们花了多长时间才找到满意的答案。

- **行为**：你换了哪些搜索词才找到最合适的产品？
- **思考**：在决策过程中，你有什么顾虑？为了满足你的需求或解决你的问题，你会考虑哪些选择？
- **感受**：这个过程给你带来了什么感受？找到你想要的信息容易吗？你获得的信息量能帮助你做出满意的决定吗？在这一阶段，你最好的体验是什么？

你接下来会做什么？

购买阶段

在购买阶段有很多可灵活操作的部分，你的营销团队越早针对它们进行优化就越好。一定要倾听每个消费者面临的特殊情况，以及他们是如何解决这些特殊情况的——哪种体验最能解决他们的问题，以及这些事情是如何影响他们购买产品的。

- **行为**：你是如何购买的？有销售人员参与吗？如果是这样，他是帮助提升还是削弱了这种体验？
- **思考**：是什么让你决定购买的？在购买过程中，你有什么不希望出现的事情吗？购买过程便捷吗？
- **感受**：你对自己购买的产品有信心吗？还有什么问题没有解决（如有）？购买过程给你的感受是什么？

你接下来会做什么？

成为客户阶段

成为客户阶段包括消费者个人如何使用你的产品或服务，以及他们的客户体验。每个客户使用你的品牌产品都有不同的原因或目标。你越能更好地一步步引导客户完成目标，他们的体验就越好，客户忠诚度也就越高。以下是你需要与实际客户访谈的问题，其中许多答案可以根据实际使用数据（如果可用）扩展得出。

- **行为**：你多久接触一次工具、产品或服务？其中哪些方面最能吸引你的注意？
- **思考**：你希望用这个产品或服务达到什么目的？
- **感受**：你对自己使用工具、产品、服务的能力有信心吗？使用它会让你产生什么感觉？你对这段体验感到沮丧吗？你觉得它能满足你的需求吗？

你接下来会做什么？

口碑传播阶段

如果你的品牌有忠实粉丝，问问他们为什么喜欢你的产品。如果你的品牌没有忠实粉丝，找到其他品牌的粉丝，问问他们喜欢那个公司、服务或产品的原因。

- **行为**：当你喜欢一个品牌时，你会如何分享你的观点？你曾经在社交媒体上发布过该品牌的信息吗？你参加过正式的品牌社区或团体活动吗？
- **思考**：是什么驱使你成为一名忠实粉丝？
- **感受**：你最喜欢的品牌给你带来了什么感受？哪些品

牌体验赢得了你的好感？

作为（以上提到的）品牌的忠实粉丝，你接下来会做什么？

我们将重点放在行为、思考和感受这三个方面，以此来指导消费者旅程中每个阶段的基本问题，你将能够发现你的品牌确定客户画像时所需解决的问题，我们将在下一节详述。

客户画像和消费者旅程

假设你是一家计算机存储设备制造商。在上文所述的个人访谈中提出的问题，将帮你找到你的品牌的特定消费者群体。这些答案将构成你构建消费者旅程的客户画像的基础。你可以发现比过去更多的客户画像，或者你可能会在每个客户画像中发现不止一次旅程。我们假设一家存储设备制造商有数十个客户画像——大学生、艺术家和设计师、小企业主、企业信息技术负责人、医院管理人员等。尽管有很多可能性，我还是建议你在开始的时候只关注其中的一到两个，选择那些基数最大的客户群体。

现在，你将为每个客户画像赋予一个名字和外形。你可以使用实际客户的名字和外形，也可以自己创造。信息除了名字和外形，还应该包括人口统计数据（年龄、地点、性别）和心理特征（情感、目标、个性），以充实每个客户画像。你在与客户进行访谈时收到的关于个体消费者在消费者旅程不同阶段的行为、思考和感受的答案将引导你。

例如，从消费者个人访谈中，你会发现每个客户画像的"首要目标"是什么，无论是在整个消费者旅程，还是在旅程的不同阶段，都是如此。你会知道他们每天面临的最大的问题或忧虑是什么，什么时候会出现，以及哪种合理的触发因子可以促使每个客户采取行动。你会从访谈中发现很多其他信息，这就是访谈的魅力——使用一组简单的问题来阐明最本质的问题。但在构思你的客户画像时，你要尽量把重点放在高层次的主题上，这样，在理想情况下，每个客户画像都可以拉出一整页的信息。

在我们假设的存储设备制造商案例中，调研者总结出的一个客户画像是一名设计师——"设计师丹尼尔"，他是一家公司的平面设计师（见图9-1）。从图中我们可以看出，品牌能够从上述消费者个人访谈中总结出多少关于这一客户画像的信息，包括上一段中刚刚讨论的一些话题，如目标、问题和推动购买行动的触发因子。

个人见解	3 个问题	首要目标	更多发现	常见的反对意见
城市 在一线城市工作 人格类型 创造性（分析、表达） 喜欢的事 （书籍、杂志、会议） 领英、AMA、Pin-terest、Reddit、Dri-bbble、AIGA 主要活动 The Adobe MAX、The Smashing Conference、AIGA 年会 关键词 定制素材、可定制的创意模板	1. 电脑内存不够用 2. 工作效率不高，没有条理 3. 无法找到或复制旧的营销素材，需要从头开始做 3 个触发因子 1. 电脑速度慢 2. "最后一根稻草"时刻 3. 找不到文件 他们有什么问题没法协助解决？ • 创建模板 • 创意项目管理	1. 需要存储文件的数字工具 2. 需要可与其他团队成员分享的存储工具 3. 需要能快速上传文件 他们现在购买你的产品的动机是什么？ 1. 现在非常需要找到条理性 2. 丢失了文件 什么样的话题能让他们开口谈论？ • 数字存储 • 给电脑提速 • 提高生产力	购买阶段的角色 必须和同事、设计师、营销人员等一起推进流程 同类竞品 Dropbox、PCloud、Box 主要优势 X Cloud Solution 拥有无限存储空间，允许文件分享使客户无需解决存储和流程问题	最有可能出现的反对意见 1. 担心花费太多时间去找解决方案 2. 缺乏品牌认知度或信任 3. 不希望花费太多时间去上传文件 在考虑阶段最常问的问题 1. 保证客户能想上传多少文件就上传多少 2. 保证客户可以分享文件 3. 保证文件安全

设计师丹尼尔
在一个家居品牌公司的总部工作，头衔是平面设计师或前端开发人员
50% 男 / 女　26~34 岁　$45k~$65k

"我想创造漂亮、有创意的营销广告。"

图 9-1　客户画像示例

接下来，是时候为每个客户画像规划一个或多个消费者旅程地图了。你将根据你在访谈对象中搜集的关于不同目标的定性数据来得出这些结论。这不必搞得很复杂，你可以把它当作一个指南。最重要的是找出整个过程中每个角色的主要触发因子，然后捕捉每个阶段的"行为、思考和感受"信息。（我们

将在下一章深入讨论触发因子。)

下表提供了设计师丹尼尔消费者旅程的例子(见表9-1)。但要知道,有很多方法可以进行此类地图绘制,你可以在网上找到各种模板,每个模板都大同小异。例如,表9-1中的模板将消费者旅程的各个阶段归纳为步骤(第一阶段到第四阶段),而不是我在本书中提出的以构思开始、以口碑传播结束的6个阶段之旅。我的观点是,在发展你的客户画像之旅时,使用你自己的语言是可以的。这是你的品牌内部文档,你最好使用你们公司熟悉的语言。这没有对错之分。消费者旅程最重要的方面是,你有一个可以遵循的地图,你把这个旅程分解为几个确定的阶段,并且这个旅程可以在你所属的组织中广泛共享。

正如我们在表9-1中看到的,丹尼尔开始了她的消费者旅程,因为她想要在保留现有计算机的同时创造更丰富的数字体验。这是驱使她开始在网上搜索,并与她的朋友和家人谈论她的购买意愿(构思阶段)的原始触发因子。她对产品的探索带来了广泛的选择,产生了新的行为、思考和感受。她变得忧心忡忡,因为她不想在这一产品上花很多钱,而且她不知道从哪里开始。于是她转向谷歌,开始一次次地提问,她认识到自己有几个可能的选择,比如使用云存储或移动硬盘。再一

表 9-1 消费者旅程地图示例

理想情况下的消费者旅程地图		客户画像：设计师丹尼尔 问题：设计文件没有足够的存储空间		
阶段	第一阶段	第二阶段	第三阶段	第四阶段
行为	客户清楚自己有难题：电脑内存不足。她上网搜索如何获得更多存储空间，咨询其他设计师和同事是怎么做的。她将这个问题也反映给了上级领导，但是没有付诸行动。	客户研究如何解决这个难题。她去谷歌上搜索如何缩小文件，开始比较移动硬盘和云存储。她发现你写的二者比较文章。她点击行动召唤（CTA）按钮，得到免费试用和一张限时购买的5美元亚马逊礼品卡。	客户尝试用你的解决方案去处理她的难题。她接受了免费试用。品牌立刻给她发了几封邮件，附上了视频以及教她整理文件和缩小文件尺寸的指南。	客户决定采用你的解决方案。平台上传文件速度很快，且对她的文件存储没有限制。
思考	客户在思考：我是否需要外部存储空间？花费是多少？公司能付钱吗？	客户在思考：我了解了移动硬盘和云存储的区别。我注册了试用，并且立即开始使用云存储。我还得到了一张礼品卡。双赢。	客户在思考：我可以把笔记本里的文件都移到云端，删除旧的文件。我还没付费，这些都是免费的。	客户在思考：很好。我再也不用担心这个问题了。
感受	客户的感受：担忧（我不想花太多钱），没有头绪（我甚至不知道从哪里入手）。	客户的感受：松了一口气（她终于明白了问题所在，感觉自己有了一个不错的解决方案）。	客户的感受：非常好。她的笔记本运行速度更快了，她终于感觉到有条理了。	客户的感受：轻松。已经解决了这个问题。

续表

阶段	第一阶段	第二阶段	第三阶段	第四阶段
客户体验	客户的体验：电脑速度太慢。不断地提醒她没有存储空间了，或者存储空间快用完了。	客户的体验：轻松。她了解了具体可以怎么做，很容易做出选择。	客户的体验：生产力。她移动了文件，并且学会了如何去整理文件。	客户的体验：放松。她不仅解决了当下的所有问题，还从平台上得到了更多。
机会	我们可以做什么去提升客户体验？创建一个指南，告诉她如何在电脑上快速获得更多的存储空间，或者如何缩小文件。	我们可以做什么去提升客户体验？在网页上设置聊天机器人去回答客户提出的一些简单的问题，也许能让她早点儿与销售人员通话。	我们可以做什么去提升客户体验？和客户保持联系。她现在有了很好的体验，但是你希望留住她。	我们可以做什么去提升客户体验？与客户确认。确保她得到了她需要的支持。

次，她与朋友和同事讨论她找到的选择，并在网上比较她的选择（认知阶段）。

从这里开始，她可以将搜索范围缩小到她认为可信赖的几个品牌（考虑阶段），这引发了她的下一个思考：这些产品彼此之间的优劣如何？由于所有的产品都是相似的，她想试用一下这些产品。她继续调查，在一个品牌的网站上阅读了一篇文章，该品牌（存储设备公司）通过使用聊天机器人来提供30天的免费试用。她喜欢这个办法，并接受了这个提议。收到卖家邮寄来的设备后,她很兴奋,并开始使用它。包裹到达后的第二天,她很高兴收到公司安装专家的电子邮件,安装专家希望跟进她可能遇到的任何问题,并帮助她详细了解如何使用产品。在熟悉了这款设备后,她松了一口气,因为她的文件存储在外部,她的电脑运行得更快了。她对这款设备如此简单易用感到兴奋,并感到自己的决定得到了支持,于是她保留了产品,并成为客户(购买和成为客户阶段)。

正如前文所述,将消费者旅程地图与各级更大的组织共享是很重要的,这让所有成员都能与品牌方保持步调一致。为了进一步保持步调一致,你可以添加你的品牌对每种场景的反应。我要再次强调,这样做没有对错之分。表9-1中有一栏是"客户体验",它用一两句话归纳消费者旅程的每个阶段。这个表还包括"机会"一栏,它表示了该品牌应对客户的高级战略草案。这些简单的陈述有助于每个销售人员围绕客户画像的需求以及品牌计划在消费者旅程的每个阶段做出回应。

丹尼尔的消费者旅程持续了几天,正如表中所讲述的那样,在这个过程中,存储设备品牌利用了几个触发因子(如聊天机器人和公司安装专家的电子邮件)来激励她继续下去,并引导她进入旅程的下一步。

这就自然地引出了下一章:如何设置触发因子。这些触发因子将是连接或再连接每个消费者与消费者旅程的关键时刻。你的访谈将为你指出许多这样的关键时刻，现在我们将学习品牌如何利用场景架构图在这些时刻激励消费者行动。这意味着尽早指引客户将目光放到自己的品牌上，让消费者保持流动，一旦消费者成为客户，品牌就为他们提供支持，并利用品牌口碑传播者来保持场景的循环。

第 10 章
消费者旅程中的触发因子

能否在个人消费者旅程中的适当时刻与你的品牌受众见面，取决于品牌是否了解触发因子是如何工作的。你将使用触发因子来推动消费者前进——既使用消费者生活中已有的自然触发因子，也使用营销人员创建的以场景营销方式激励消费者的定向触发因子。

在这一章中，我们将探讨如何让触发因子尽早出现在客户的消费者旅程中，并经常性地"刷存在感"；如何让消费者在消费者旅程的每个阶段迈出下一步，让他们成为更好的客户；如何利用品牌口碑传播者的力量，正是品牌口碑传播者让场景的循环保持流动。

让我们从如何使触发因子尽早出现在客户的消费者旅程中开始。

尽早（而且经常性地）出现在客户的消费者旅程中

消费者生活中最常见的自然要素之一，是与消费者个人网络中的可信来源联系，这将在构思阶段引导消费者走上自己的消费者旅程。在无限媒体时代，社交媒体让营销人员更容易参与这样的时刻；棘手的部分是在近距离的场景下实现突破，这样消费者才会发现你的品牌体验是真诚同理的。如果想要有机地实现突破并触发下一步，你需要利用场景的循环。

例如，网红营销是品牌成为消费者生活有机组成部分的一种简单方式。网红是向其社交媒体上的受众推广或推荐某个品牌或产品的人，他们通常可以启动或重新启动一段消费者旅程。大多数品牌都知道网红营销，但它们往往用传统的营销方式来执行，当推出新产品时，它们会花大价钱邀请名人来代言。这个曾经的热门营销方式更像是一个有限媒体时代的促销活动——"一锤子"买卖。

为了实现场景化转变，网红营销最好的方式是通过涓涓细流一样的投放方式向许多较小的受众群体进行传播，即使这些受众群体非常小也没关系。萨普娜·马赫什瓦里（Sapna Maheshwari）在《纽约时报》上撰文总结了为什么小微网红（粉丝只有约1 000人）的产品宣传如此有效："缺乏名气本身就是他们平易近人的品质之一。当他们在 Instagram 上推荐洗发水、乳液或家具品牌时，他们的话就像朋友的建议一样真诚。"[1]

DW 腕表利用小微网红将自己的初创公司变成了一家价值 1 亿美元的企业。它的目标客户画像之一是千禧一代的客户，这些客户深受 Instagram 体验的影响。从客户访谈中，DW 腕表营销人员得出了三个关键话题：时尚、旅行和生活方式。他们知道，趁着小微网红发文谈论这些主题时，让 DW 腕表在此场景下出现在消费者面前，可能会让消费者产生一种想法——他们会喜欢一款时尚的手表。小微网红虽然在 Instagram 发布照片，但 DW 腕表并不位于照片的"C 位"，所以他们可以忠于自己对时尚或旅行的关注。

DW 腕表是一个很好的例子，它根据场景架构图，通过促进与客户的合作来深入研究如何传达价值观（第五大要素）。在网红将照片发布到他们的账号上之后，该品牌会在自己的 Instagram 账号上转发这些照片，每转发一次，场景循环的累积就可以带来更好的效果。这样一个定向触发因子只是一个示例，说明如何从访谈中识别关键触发因子，并继续努力成为其中的一部分，从而推动品牌在多年内实现增长。这就是为什么在推出 6 年后的 2017 年，DW 腕表的粉丝人数同比增长了

31%，拥有 400 万名活跃且忠实的粉丝；该品牌在 Instagram 的粉丝几乎是泰格豪雅和化石手表粉丝总和的 4 倍。

当高价、高风险的购买（如商业软件）摆在桌面上时，触发因子也很适合设置在消费者旅程中。例如，营销自动化公司 HubSpot 在消费者旅程的早期阶段就掌握了自然触发因子和定向触发因子的使用。为了确保潜在客户找到这家公司，它会将内容发布到博客上，这样它就会出现在搜索结果中，即时回答人们提出的问题。很少有文章会谈到该公司或其产品，大多数文章都是关于该公司知道其受众在问的其他一系列问题的。每一篇文章都会回答一个问题并引导消费者进入下一个问题，从而触发消费者旅程迈向下一步。

这些触发因子不仅仅把消费者的目光带到公司的博客上，而且推动了消费需求。HubSpot 发现，博客阅读量和产品购买量之间存在非常高的相关性，这就是为什么它如此重视自己的博客内容。HubSpot 使用其博客内容来确保公司在消费者旅程中的关键时刻有机地出现，同时，它也努力通过使用定向触发因子来进一步提升这种体验。在部署定向要素之前，HubSpot 首先通过邀请你订阅博客来寻求客户许可。然后，它使用订阅来触发客户与品牌更深层次的联系。用 HubSpot 前增长营销员阿纳姆·侯赛因（Anum Hussain）的话说："我们的目标不是把内容塞进收件箱，而是提供一些值得阅读的东西。"如果博客内容极具吸引力，或者至少消费者认为它很棒，那么他们阅读博客的概率就会增加，他们成为客户的概率也会增加。HubSpot这么做有什么成果？每5个购买其公司产品的消费者中，就有1个来自博客。[2]

为了展示这一价值，HubSpot使用了一种非常特殊的技术来转移新订阅客户，这种技术被称为"消费者引导"。我将在本章更深入地探讨消费者引导策略，但现在请注意HubSpot是如何使用一系列简单的电子邮件作为定向触发因子的，这样不仅可以让消费者重新参与HubSpot的消费者旅程，还可以培养消费者对产品的渴望和阅读新帖子的动力。通常，当一个品牌获得新的订阅客户时，消费者会得到与现有订阅客户相同的待遇。在消费者被添加到订阅客户列表之后，下一篇博客帖子将直接发送到他们的收件箱。

但你的下一篇博客帖子是你最好的帖子吗？很可能不是，甚至离最好还差距很大。因此，HubSpot没有从低质量的内容开始建立联系，而是通过展示最好的内容来触发消费者旅程。每个新订阅客户都会通过电子邮件进行一次消费者引导之旅，HubSpot首先向客户介绍最好看的3篇博客帖子，然后才会让客户按照常规节奏接收最新的博客内容。这些"消费者引导"

电子邮件产生的潜在客户是 HubSpot 发送的其他电子邮件带来客户的二倍。这样的触发因子将订阅者带到品牌网站，同时增加了他们对品牌内容的渴望和信任。

HubSpot 使用这种模式实现了快速和持续的增长。如今，它每周创建 50 多篇优质的内容，并通过各种渠道发布，确保 HubSpot 在消费者旅程最初构思阶段的每个重要时刻都能为消费者服务。[3] 通过在消费者旅程的早期阶段建立强大的信任感，该公司帮助其订阅者塑造想法和定制旅程。正如侯赛因所说，HubSpot 不仅专注于创造内容，还专注于创造价值，而且它确实做到了。这种方法在推动消费者旅程下游消费者的实际购买力方面也非常奏效，以至于该公司已经放弃了在贸易展销会上参展，转而重新整合更多资源来支持这项举措。[4]

如何让客户在消费者旅程中不断前进

一旦你在构思阶段遇到了潜在客户，你就可以使用触发因子让他们向消费者旅程下游的 4 个阶段继续前进——认知阶段、考虑阶段、购买阶段和成为客户阶段。下面让我们依次来看一看。

在认知阶段激励消费者

认知阶段是一个很活跃的阶段，其特点是你的客户会用提问题的方式来更好地确认他们的需求，并确定实现目标的解决方案或方法。因此，你需要考虑他们提出的问题（你应该从客户访谈中搜集）的顺序（批次）——在他们提出问题的渠道中。对这些问题的回答就是触发消费者旅程下一步的关键。这并不是一个新的想法，但品牌往往在考虑消费者旅程中的数量和批次方面做得不够。你准备通过内容和人际联系去回答的问题越多，你的品牌就会建立起越大的信任感，消费者会把你的品牌定位为首选解决方案的概率就越大。

你在认知阶段对消费者进行的访谈将揭示许多问题，它们将远远超过你的产品或类别关键词的数量。例如，当Pardot（现在是Salesforce旗下公司）第一次采用销售营销自动化时，这是一个新的技术类别，所以许多需要这项技术的人甚至不知道如何用术语表述它。事实上，那些开始寻求营销自动化之旅的前沿消费者很可能已经处于考虑阶段，并已经认识到了解决方案。当时，电子邮件是最接近营销自动化的工具，从访谈中我们就可以知道，我们的核心受众正在搜索"电子邮件最佳实践"，不是因为他们想购买新工具，而是因为他们的目标是成为更有效的营销人员。为了让产品出现在他们的场景中，我们回答了他们关于新的电子邮件营销最佳实践的问题，其中一个最佳实践是电子邮件营销如何实现自动化并推动更优的结果。你会发现结果还是这样：搜索"电子邮件最佳实践"后得到的前50%的答案都来自营销自动化供应商。这是一个很强的自然触发因子。

在这些批次中发现的其他触发因子包括社交问答网站，如Reddit 和 Quora。你可以通过"社交倾听"来了解那里和其他社交媒体网站上的机会，这是趁消费者谈论你或相关话题时接触他们的强有力的方式。Salesforce 发布的《2016 年营销状况报告》发现，高效能组织开展"社交倾听计划"的可能性是低效能组织的 8.8 倍。[5] 前者知道在哪里倾听，倾听什么，以及如何回应消费者。

关于客户行为的访谈或消费者调研问题的答案将为你指出消费者提问或对话的渠道。社交倾听有几种常见方式，其中许多是自动进行的（下一章将对此进行详细介绍）。一些社交渠道有"围墙花园"，这意味着你需要加入相关的社区，并使用通知工具来"倾听"。领英是一个倾听企业问题的好地方，Nextdoor 则是针对本地社群而设计的。你必须登录这些渠道来"倾听"，并在收到对话通知时做出回应。

开放的社交网络，如Facebook、推特和Instagram，允许消费者大规模搜索，因此你可以倾听整个网络中的任意关键词，并应用过滤器，如地理位置或话题标签，来确保你倾听的受众更有针对性。

当你回答问题时，无论在哪个渠道，都不要直接提及你的产品。来自个人、员工或品牌粉丝的回复会更好、更直接。来自你的品牌账号的答案似乎天生就会造成消费者的偏见，不会得到太多信任。你可以在你的员工需要回复时设置提醒（同样，我在下一章中将详细介绍这一点）。这些程序可以倾听、识别这些时刻，这样你就可以有针对性地推动消费者前进并给出回复。同样，通过不断倾听自然触发因子和在场景中做出反应，品牌最终将赢得客户群。

你要注意，当你的员工或口碑传播者回答问题时，他们应该关注眼前的问题和客户消费者旅程的下一步，而非进行推销。激励消费者购买不应该通过推销，而应该通过现有的行动来引导消费者前进。这将为消费者创造价值，品牌将能够打入消费者内部并获取他们的信任。消费者对他们需要的产品或解决方案了解得越少，他们在这个阶段就会产生越多的焦虑，对搜索到的产品就越不信任。你可以撰写一篇题为《你必须知道的5件事》的文章，澄清消费者可能产生的关于产品或服务的问题，这对缓解消费者在这一阶段的焦虑情绪大有裨益。在这里，文章作者也可以提到你的品牌，或让内容与之有关联，但不能直接宣传它。如果你在客户画像使用的多个信息渠道中充分且经常性地回答问题，你就可以以场景化的方式建立消费者对品牌的认知。

在考虑阶段创建触发因子

在考虑阶段，你的每个受众都有可能成为潜在客户。这些受众可能有意愿购买产品，现在的问题是找到最能满足他们需求的产品。根据消费者访谈，你会发现你有一些全新的问题需要回答。同样，你必须出现在潜在客户面前——只有当潜在客户要求对话时，你才能让销售部门参与进来。

客户在这个阶段提出的问题集中在产品和客户体验上，你的回答必须足够详细，以满足一些挑剔的客户。无论对客户来说你的产品是可以考虑还是不予考虑，我都建议你立即使用两个触发因子：（1）评论，（2）产品或服务试用。人们希望听到其他体验过你的产品或服务的人的意见，他们甚至想亲自尝试一下。

要获得评论，你必须请求消费者进行评论。主要的问题是，许多人只提出问题，但不回答问题，发表评论需要你的客户做出相当大的努力：他们必须浏览评论渠道，比如 Yelp 或猫途鹰（TripAdvisor），这通常需要他们建立个人账号，然后写下评论。认识到这一点，你必须提供让他们操作起来更便捷的方法，而且要增加激励措施，比如承诺他们下一次来你店里时，可以享受八折的促销代码或免费的香槟。

户外用品制造商 BackCountry 可以利用其装备发烧友项目（我在前面的章节中讲述了）联系客户发布评论。它为客户提供一个链接，客户点击链接就可以直接跳转到发布评论的网站页面。

在客户撰写评论之前进行一次人际对话或访谈是必要的，因为你公司的员工可以为客户解答与他正在评论的产品相关的问题。例如，如果人们担心产品在洗涤后缩水，你的员工可以直接联系客户解释这个问题。员工还可以鼓励客户尽可能详细地描述产品或服务体验。这些信息将有助于引导客户写评论，品牌也可以在电子邮件中加入好评的例子供客户参考。

一旦客户留下了评论，公司就应该有人进行回应，说声谢谢。这应该以非常个性化的方式进行，而不是在网上回复客户的评论。康奈尔大学 2016 年的一项研究发现，当品牌在评论网站上回复大多数正面评论时（即使是简单的回复，如"很高兴你喜欢它"），这一举动实际上会对总收入产生负面影响。[6]

产品试用是你在消费者考虑阶段可以使用的另一个重要触发因子。如果你提供的服务是线上的，那么你可以先尝试一下试用计划。如果你销售的是消费品，你也可以在技术的帮助下提供试用。亚瑟士（Asics）等零售品牌已经采用了True Fit软件，人们在这款软件中输入他们日常喜欢穿的品牌的尺码，然后True Fit会根据这些数据匹配在线产品的尺码。例如，如果你最常穿的鞋子是9.5码的新百伦910，True Fit就可以准确地告诉你，当你买另一个品牌的鞋子时，你应该买多大码。丝芙兰等品牌也通过虚拟现实技术发布了一款虚拟现实试妆应用，可让客户实时看到自己上了妆、涂了口红的样子，来帮助客户做出更好的购买决定。

上述任何一种工具都能为品牌提供数据，成为一个额外的定向触发因子平台。例如，丝芙兰的应用程序可以跟踪消费者试用的产品，并实时在应用程序中生成产品的优惠信息，或者将数据传递给其他渠道（例如网站）使用。因此，当消费者返回该应用程序时，后者会向消费者推送那些他们花了最多时间试用的产品（假设消费者还没有购买），并提供优惠。丝芙兰还可以通过这款应用程序发送触发体验，例如在店内用产品给全脸上妆，让消费者选择到店日期和时间，以此呼吁消费者购买。这促使消费者迈入旅程的下一步：将产品购买到手。

购买阶段的触发因子

在购买阶段，每个客户在进行不同程度的考虑后会购买不同的商品。了解每个客户如何购买以及为什么购买某一产品是非常重要的，消费者访谈将为你指明正确方向。总的来说，消费者在这一阶段仍然存在一些顾虑，销售人员只要对产品有充分的了解，就可以帮助消费者缓解这些顾虑，无论这个销售人员是不是真人。这就是为什么你应该与公司的销售领导分享你在访谈中发现的问题：你的销售人员必须能够立即回答常见的问题，并且能够轻松获取他们不知道的任何信息。

2018年，一份研究了6 000名消费者及其零售店购买习惯的报告发现，73%的消费者在过去一周内去过零售店，报告指出，知识丰富的销售人员是促成消费者做出最终购买决定的一大因素。[7]比如，赫曼·米勒旗下的家具品牌DWR为销售人员配备了装有软件的iPad（平板电脑），这些软件帮助他们回答消费者提出的任何问题——关于产品材质、选项、库存，甚至交货日期。在不久的将来，这些信息在网上也会向消费者开放，以后消费者就只要问Alexa："50英里[①]内哪里可以买到

[①] 1英里≈1.609千米。——编者注

巴塞罗那椅？"这将给那些能够回答这些问题的品牌带来巨大的优势，因为消费者可以很容易地获得它们的库存信息，并且可以实时搜索到它们。

在自然触发因子保证了你的品牌能被找到的情况下，定向触发因子可以把你的潜在客户吸引过来，并让他们采取购买行动。乐高在 Facebook 上创建了一个定向触发因子，目的是重新吸引尚未购买产品的网站访问者。这一触发因子是高度自动化的，只部署到那些在 30 天内没有返回网站，并且在过去 14 天内没有购买任何东西的网站访问者身上。触发因子是通过 Facebook 上的一则广告启动的，这则广告引导消费者与聊天机器人拉尔夫接触。

正如本书前面所述，广告应该在合适的时间和地点投放，以下是一个很好的例子。这则广告并不是用来让产品重新出现在消费者面前的，而是用来帮助消费者实现目标的：找到完美的礼物。聊天机器人是一个对话界面，通过对话，聊天机器人了解消费者的需求，向他们推荐产品，甚至为他们订购这些产品，所有这些都是在 Facebook Messenger 中完成的。2017 年，触发因子推动了 25% 的在线销售。但请记住，我们在这里谈论的只是一个消费者旅程的尾声，即一个品牌如何帮助消费者完成最后的购买行动。

购买阶段的另一个重要部分是部署购买并确定最终的细节，比如交付。回想一下书中前面那个宜家的例子。TaskRabbit 的加入使宜家能够帮助消费者实现目标，在购买的同时轻松交付和组装。促使消费者下单的临门一脚通常需要一个定向触发因子（如增加 TaskRabbit 选项）。消费者的购买意愿就在那儿，但我们可以消除阻挡最后一步发生的任何障碍。你还需要回到消费者访谈（见第 9 章）去识别这些障碍，识别后就可以解决它们。

购买阶段很复杂，需要销售部门的参与，你可以通过识别障碍的标准流程来找出具体的购买障碍。例如，优秀的销售人员会开门见山地提问："是什么阻碍了你点下购买键？"一旦销售人员知道了问题的答案，他就可以努力解决这些问题。如果你有一个优秀的销售团队，那么这些障碍就可以被发现并被排除。然而，你应该确保你也认识到了这些障碍，这样你就可以在消费者旅程更早的阶段奠定基础。通过更早地解决购买障碍，你可以让消费者换一种选择，或者带领他们走上不存在障碍的更好的旅程；更好的办法是，当他们到达终点时，将障碍转变为优势。例如，一个在市场竞争中的产品可能缺乏比较先进的功能（先进的功能通常需要繁复的安装步骤），该产品可以用早期阶段的内容来引导消费者的要求，并使"易用性"成为消费者在解决方案中寻找的关键功能。

使用定向触发因子将买家转变为客户

一旦你有了一个新的买家，触发因子就可以帮助你的品牌在许多方面为他创造更好的品牌体验，从而让他多买几件产品，增加他的客户生命周期价值。随着买家转变为客户，你将有一个新目标：帮助他们获取你的产品、工具或服务的全部价值。消费者访谈会指引你了解客户的具体目标。例如，客户可能在寻求更能彰显身份的商品、更好的商业成果或以更好的方式执行任务。你可以设计触发因子来帮助客户实现特定的目标。

HubSpot直接向单个客户发送电子邮件，运用强大的"客户引导"技术将读者转变为订阅者。因此，现在这就是我们面临的另一个过渡期：为了让买家成为客户，客户引导触发因子可以以聊天机器人的形式出现，在客户下次登录时刷存在感，或者在其刚成为客户的几周里发送一系列电子邮件。

在这一点上，客户引导的目的是促使客户采取那些最佳客户采取的步骤，例如寻求帮助、获得帮助和迈出第一步，从根本上讲就是消除客户和他们所追求的价值之间的障碍。客户引导的宣传工作之所以会奏效，是因为它们会在整个客户生命周期内推动收入增长。在与谷歌前行业经理、Nickelled（客户引导公司）现任营销总监尼古拉斯·霍姆斯（Nicholas Holmes）讨论客户引导这个话题时，他分享了一个例子，这个例子从数学上说明了这些触发因子在激励购买和获取更高利润方面很有效。

首先假设你的企业有1 000名客户，假设每年有5%的现有客户流失或停止使用你的服务或产品。除了你的现有客户，还存在50%的新客户流失率，这意味着在今天注册的客户中，只有一半会留存一个月以上。简单来说，假设你每月增加100名新客户。因为客户引导的问题，你每个月都会失去这100名客户中的一半，这意味着他们没有从你的品牌中找到符合他们需求的价值。简而言之，就我们的总流失而言，5%的流失发生在现有客户（1 000×0.05=50）中，50%发生在新客户（100×0.5=50）中，因此流失客户总数是每月100名，占客户总数的10%。一年（按月）流失的客户数如下图所示（见图10-1）。

霍姆斯指出，如果你有心计算一下，你就会发现公司业务停滞不前，就算有1 200名新客户注册，流失的客户数也是这么多。对许多企业来说，这是一种非常常见的情况，因为对SaaS（软件运营服务）企业来说，第一个月的流失率往往出奇地高，但这部分客户往往会被归类为"试用客户"或"售前客户"，并被排除在计算之外。这样做是不对的。

图 10-1 一年客户流失率

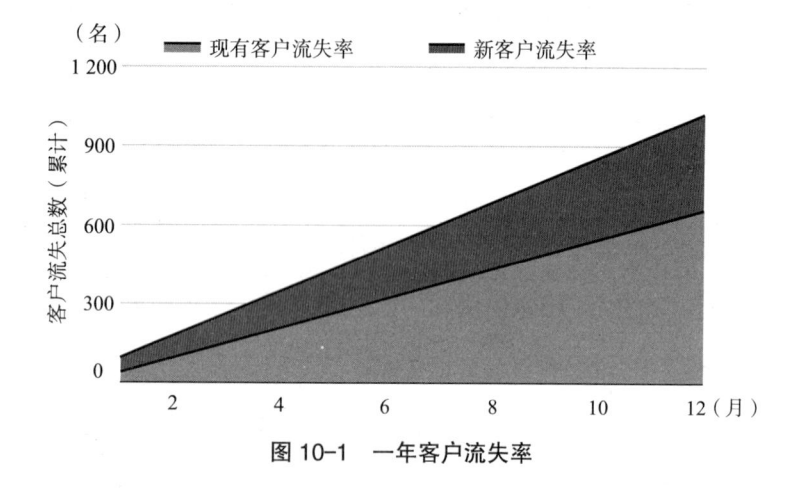

现在，假设你的公司部署了客户引导策略，以改善客户体验并提高客户留存率，从而得到更多的客户。我们如果能在第一个月内将 70% 而不是 50% 的客户留存下来，那么就可以把新客户流失率从 50% 降至 30%。最终客户增长数据将非常不同。

总体而言，该业务收入增长了 18%，而非如前所述（见图 10-2）。现在，由于客户流失率降低了 7%，客户平均留存时间是 14 个月，而非 10 个月。因此，客户生命周期价值立即增加，营销部门促进了产品的销售，而不仅仅是将消费者与产品联系起来，业务数量得到极大的提高。21 世纪初，弗雷德里克·赖克霍德（Frederick F. Reichhold）和菲尔·舍夫特（Phil Schefter）在《哈佛商业评论》上发文表示赞成这种增长策略。他们发现，客户留存率每提高 5%，利润就会增长 25%~95%。这就是高效能人员使用此触发因子的原因。[8]

（名）

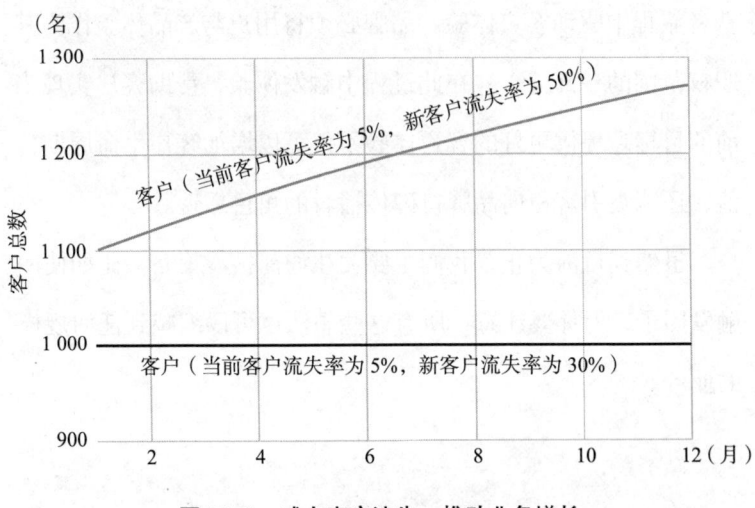

1 300

1 200　客户（当前客户流失率为 5%，新客户流失率为 50%）

客户总数 1 100

1 000　客户（当前客户流失率为 5%，新客户流失率为 30%）

900

　　2　　4　　6　　8　　10　　12（月）

图 10-2　减少客户流失，推动业务增长

在《2016 年营销状况报告》中，我们发现高效能组织使用客户引导的可能性是低效能组织的 10 倍。[9] 帮助消费者知道自己要做什么，何时做，以及如何做，能极大地增加品牌产品的使用率，并为客户创造个性化的体验。这类触发因子在以一种新的方式提高购买率和增加收入方面非常有效。

客户引导是一种帮助消费者更快找到价值的战术，显然它对品牌的增长有重大影响。除了客户引导之外，消费者旅程还将被许多其他触发因子推动着往前走——在客户陷入困境、需要支持并出现更多疑惑的时刻。我们已经讨论了，回应客户问题以推动需求是一种有机需要，同样，这种做法也适用于在消费者旅程中驱动客户体验。品牌必须将用户与产品体验作为其职权范围的一部分，并在此过程中触发体验，帮助客户实现当前的目标。提供更好的客户体验不仅可以增加客户生命周期价值，还能吸引客户向品牌口碑传播者的角色靠近。

虽然到目前为止，我们主要关注如何扩展策略，比如使用触发因子，但你要注意，所有这些想法也可以缩减到任何规模的业务。

汇涓涓细流而成大海

因为在消费者旅程中选择合适的地点和时间接触消费者这项重要工作很复杂，所以较小的企业可能会回避此类策略（比如使用触发因子），而倾向于采用更传统的策略。但有一些方法可以让各种规模的企业都加入场景营销的革命，而不需要进行大规模的变革。

首先，找出一些简单的时刻。如果你没有时间或资源来进行全面的客户访谈并规划消费者旅程，你仍需知晓应到何处寻找答案。对当地企业来说，地理搜索是一种显而易见的办法。消费者搜索"我附近的美食"或"我附近的汽车修理店"就是所有当地企业的重要自然触发因子，而且它的作用一天比一天更强大。让你的品牌出现在地图上，就引导了消费者旅程走向下一步。你可以通过优化现有的网站、关键词和内容来轻松地做到这一点，这样你就可以最大限度地利用这些触发因子。

对许多品牌来说，这意味着你要去建立社交商业档案。在建立了社交商业档案后，你就可以管理业务基本信息，包括营业日期、时间以及消费者评论，并可以通过图片和优惠券来吸引消费。所有渠道，包括Yelp、谷歌、必应，都会给企业提供一个表单，企业在其中可以管理基本信息，上传优惠券，发布活动，甚至激励客户预订、购买、下单。通过这些激励消费者行动的措施，企业可以创造一个自然触发因子，使消费者很容易在消费者旅程中迈出下一步。

除了让消费者能够通过搜索来找到你，你还需要成为你所在社区的活跃分子。利用社交媒体很容易做到这一点。如果你的公司是本地企业，你需要加入当地的社群，并且一直参与相关的话题。这些本地群体，如小区群，往往对企业的客流产生重要影响。

非本地品牌也需要创建和培育社区，甚至需要与社群受众合作来打造产品。例如，一个小型独立服装品牌Seamly会与受众一起设计服装。该公司通过多个渠道做到了这一点，包括官方网站和社交媒体渠道（主要是Instagram）。

对于刚刚起步的品牌，你必须远在创业之前就成为计划受众社群的一员。你要融入社群，找出社群想从邻居和产品中得到什么，并与社群成员建立关系。成为社群中的活跃分子，社群才会有购买欲望。

对小企业来说，在消费者旅程中提升每个客户的价值不难，而本地企业在这方面可能具有优势。企业和客户之间的联系是重复购买的巨大驱动力，本地企业可以很容易地建立起这种深层次的人际联系。小企业主往往充满激情、目标明确。例如，除非你对滑冰充满热情，否则你不会开一家滑冰场，鲜花店、假发店和饭店的店主也类似。

你需要确保你了解每个客户，在消费者旅程中增加人际接触，并与客户分享你的快乐，比如，附上手写的字条来说明产品特点以及它的制作过程，或者仅仅表达感谢，这些做法都会对你的销售大有帮助，这些字条可以预先写好，随后放入订单中。

在客户购买产品之后，你还可以附上一张字条，电子形式的也可以，上面只需简单地标注购买情况，跟进一下售后进展。客户能够很好地使用该产品吗？他们需要退货吗？这些都是你可以问的简单问题。跟进的目的不是卖更多的产品，而是表达你的关心和关注。由于大多数现代营销软件都可以设置触发和定时短信，因此这样的服务可以以非常低的成本实现自动化。

最后，利用品牌口碑传播者来保证体验的连续性。对小企业来说，客户评价是一个强大的推动力，你应该促使获得良好体验的客户留下评价。如何去做，以及何时去做由你自己决定，但你必须跟进。此外，成为社群的一员并发展品牌口碑传播者也可以通过社交媒体轻松完成。例如，我当地的一家自行车店每卖出一辆自行车，就会让车主和新车拍一张照片,并把这张照片发布到社交媒体账号上。同样,这是一个具有很强驱动力的举措,因为购买自行车的客户想被发布到品牌的社交媒体账号上。你买自行车是因为你想成为一名自行车手。然后,官方的发布就是对这种渴望的验证,这就是通过场景来创建更深层次的品牌人际联系。

　　基于场景的营销体系可能看起来既复杂又庞大,对那些拥有复杂而庞大场景的品牌来说尤其如此。对场景简单的品牌(比如本地企业)来说,做到以下三件事情可以使得场景营销简单化。首先,把重点放在找出消费者旅程中的主要关键点上,确保你已经打入内部并充分利用关键点。其次,与你的受众合作,或者成为你的社群中的活跃分子,或者找到方法与他们共同创造你的产品,最好是两者兼有。最后,专注于创造优质的客户体验,每一步都是如此,并将客户转变为品牌口碑传播者,保持良性循环。一个企业能够融入的这些要素越多,企业就越可靠,可持续性也就越强。

充分利用口碑传播者的力量

口碑或许是最值得信赖的营销形式。在无限媒体时代，口碑营销让原本沉默的意见和共享体验得以重见天日。这也标志着场景营销人员有了一个新的终极目标，因为消费者旅程不再以购买产品为终点了。

品牌口碑传播者分为两类人：消费者和粉丝。两者都很有价值，而且对品牌来说都是必需的。找到这两类人的关键是发现消费者对你产品的关注点，并利用这些人来保持场景循环。这种关注点可能是品牌理念的表达方式、产品的特定功能或者购买体验帮助他们实现的转变（第8章讲述了场景架构图中的价值观明确）。请注意，口碑传播可以在购买之前或之后进行。我把它放在了新消费者旅程的最后，但它绝不局限于售后进行。你的受众中的任何人都可以在口碑传播阶段加入你的场景营销旅程。

DW腕表再一次提供了一个很好的例子。DW腕表已经凭借其卓越而始终如一的方法在消费者认知阶段就奠定了不可撼动的地位，它也是产品口碑传播方面的最佳代表。为了将其不断增长的受众转变为品牌口碑传播者，DW腕表每天都会转发一条客户的帖子精选，配以"#DW每日一图"标签。

有如此热情、活跃的受众，DW腕表不难激发粉丝成为口碑传播者。DW 腕表只需简单询问谁希望自己的帖子被发布到官方账号即可，它可以要求粉丝上传自己的照片。参加每日帖子精选很容易：任何人戴着 DW 腕表拍下一张美照（和网红们的做法一样），然后给照片贴上"#DW 腕表"的标签即可。因此，DW 腕表促进和利用口碑传播者的力量取得了史无前例的成功：在过去的 6 年里，粉丝和网红总共发布了超过 190 万条带有该标签的帖子。鉴于该品牌平均每天发布的帖子少于两条，这意味着 99.9% 的 DW 腕表品牌标签下的帖子来自网红和无偿的口碑传播者。这就是口碑传播者对场景营销产生的巨大影响力。

品牌可以使用多种定向触发因子来催生新的口碑传播者，然后让他们参与进来，保持良性循环。要创造新的口碑传播者，你只需使用一个触发因子实时地让你的最佳客户代表你采取行动，例如写一条评论，或提示客户加入品牌社区。如果这是一款数字产品，触发因子可能就是弹出聊天机器人、发送通知或不同的报价。如果你的解决方案是线下提供的，你的触发因子可以是电子邮件、个人联系或文本。

使用定向触发因子的关键是掌握好时机，但你如何确定哪个时机是恰当的呢？这取决于口碑传播者寻求的价值是什么，既然这些口碑传播者已经是客户，这一点应该是显而易见的。

如果你是一个屋顶修理工，你的客户正在滔滔不绝地谈论他对你的工作有多满意，以及你的收尾工作做得有多好，那么你可以拿出平板电脑，直接打开网页邀请客户留下评论，询问他是否愿意将他的赞美发布到网上，给其他人参考。如果你的产品比较复杂，你可能会采取不同的方法。

如果你的品牌做的是一款工具或解决方案，那么你可以追踪每个客户的业绩，并将此作为研究触发因子的数据。你可以使用报告功能做到这一点。例如，如果你看到一些客户对你的产品表示非常满意，你可以联系他们，邀请他们写一篇博客文章，讲述他们是如何获得这些成果的。同样，下次经常使用你的工具的客户登录时，你可以感谢他们使用你的工具，并邀请他们加入社区或留下评论。

* * *

在消费者旅程的每一阶段，场景营销都要求我们不断思考如何执行。我们不再用漏斗式营销，我们的工作是获得对受众的深刻理解，通过触发因子在消费者旅程中接触客户，并在场景中获得突破，引导个人从消费者旅程中的一个时刻移动到下一个时刻。这就是现如今我们激励客户和打造现代品牌的方式，即引导客户在消费者旅程中一步一步前进，无论品牌规模大小或市场如何。在重新思考围绕消费者旅程的营销是什么的同时，我们也必须重新思考如何扩展持续的产品体验。

正如我们将在下一章中看到的，场景营销人员必须学会利用复杂的数据、技术和自动化程序系统，从执行广告推广转向策划源源不断的需求。

第 11 章
用自动化手段引导消费者旅程

既然你已经规划了你的各种客户画像的消费者旅程,并了解了如何使用触发因子来接触客户并推动他们前进,是时候把这些想法大规模地付诸实践了。正如前面所述,到目前为止,我描述的所有概念都不容易实现。但我们可以使用技术做到这一点,通过创造出足够强大的触发因子,逐步引导客户完成他们的旅程。这种程度的个性化场景营销需要借助一种新的技术手段,来即时创建并实时执行程序,这就是自动化。

自动化营销平台并不是新出现的事物,它已经存在了 20 多年,但目前只有 44% 的品牌使用这种技术。[1] 现在有数百种自动化工具可以满足任何类型公司任何价位的营销需求以及有效性需求,但为什么很多品牌公司都没有采用自动化呢?对有限媒体时代的方法过于自信是唯一的原因。但无论是当下还是未来，所有品牌都必须使用自动化技术，即使是最小规模的企业。品牌需要满足的众多消费体验需求，只有通过自动化才有可能实现，因此所有品牌都将致力于探索一个新的领域——设计体验。

设计一个体验系统需要采用新的策略（或旧法新用），并设计一套连接工具，我称为场景化平台。当这些互联工具共享数据时，品牌可以每时每刻自动创造最好的场景，并引导潜在客户和现有客户进入消费者旅程的下一阶段。做到这一点，你就掌控了场景营销。

创造流动的消费者旅程

场景化平台需要企业的各个技术部门通力合作，以便管理数据，用于创建每个潜在客户和当前客户的综合场景。这套紧密结合的技术方案不仅将消费者旅程周期中的每一种体验联系在一起，还利用了从每一种体验中搜集的数据。该平台有出色的数据交叉通信，为满足多种不同的个性化体验所需的自动化提供了动力。在为每一个消费者量身打造的旅程中，每个人都在按照适合他们个人情况的步序和速度前进。自动化是保持旅程顺畅并推动尽可能多的客户前进的关键。

虽然你可能对构成场景化平台的技术并不陌生，但你必须重新思考如何使用它们。大多数品牌目前都在传统的部门设置下运作。这样一来，每种工具、每个渠道和内部部门都各自为政。不同部门使用不同工具会使得数据共享的难度加大，因此品牌就无法利用这些数据在整个消费者旅程中触发品牌体验。报告会变得很零碎，这将会导致单个客户有多个视域。在企业内部，各人自扫门前雪会让事情变得很糟糕，但更糟糕的是，这意味着客户会收到一系列不连贯的品牌体验，让你在场景中接触他们的努力化为泡影。

例如，处于考虑阶段的潜在客户会与网站接触，深入挖掘他们感兴趣的产品和功能。访问网站时，客户还会授权品牌发送电子邮件。接下来，品牌会发送一封电子邮件给客户，但品牌所了解的只是客户对品牌感兴趣，而不是后者具体对哪个方面感兴趣。因此，该品牌精心制作了一封关于其最新产品目录（品牌目前宣传的）的电子邮件，并将其发送到授权名单中每一个客户的邮箱。尽管客户对这个品牌表现出了兴趣，但在无限媒体时代，这样的电子邮件并不会引起客户的兴趣。

如果一个品牌有场景化平台，那么所有的数据都会被结合在一起，使得每一次体验（在本例中是电子邮件）都是超个性化的（hyperpersonal），即展示出客户个人感兴趣的产品。如前所述，Room & Board 将来自多处（包括网站、电子邮件、购买历史）的数据结合起来，使整体体验变得更好。Room & Board 的网站提供了一种场景化体验，每封电子邮件都基于他们的个人参与度而达到高度场景化的水平。由此生成的体验取得了突破，仅在第一个月就推动了 50% 的销售额增长。

品牌利用场景化平台，不仅可以将消费者旅程中的点串联起来，还可以开拓新的营销可能性。品牌采用筒仓技术堆栈可以向客户（大众市场或细分市场）逐一发送电子邮件，而场景化平台则可以根据客户在整个消费者旅程中的互动情况，为其创造个性化时刻。由于所有工具和渠道都是互通的，该品牌可以通过创造一系列跨渠道的体验，让自己走得更远。

在下图的左侧，该品牌已经投资了每个部门的相关人员创造体验所需的技术。但是，这些工具没有连接在一起，因此一个客户有 7 个视域（每个工具产生一个视域，电子邮件、网站、社交媒体、客户关系管理、后端、客户服务和社群，都分别创建了视域）。而在下图的右侧，你看到的则是相反的情况：只有一个平台，在这个平台上，每个客户只有一个视域。除了工具互联之外，自动化的共享层可以让任意时间的任何体验都尽可能地与场景相关（见图11-1）。利用场景化平台的品牌不仅通过整合获得了更高的效率，而且从根本上增强了营销的力量，以及开辟了新的营销可能性。

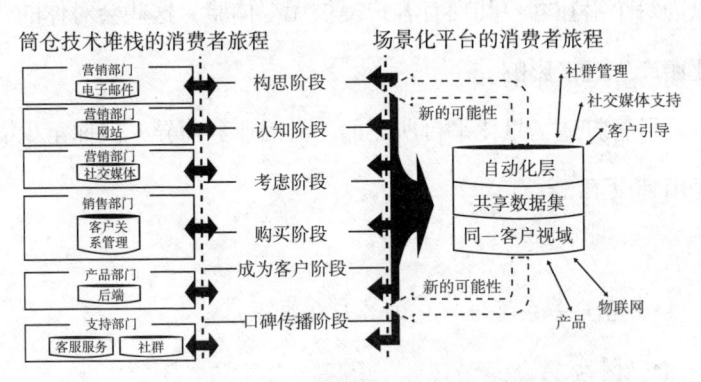

```
筒仓技术堆栈的消费者旅程         场景化平台的消费者旅程
                                              社群管理
  营销部门    ─构思阶段                        社交媒体支持
  电子邮件                    新的可能性
  营销部门    ─认知阶段                        客户引导
  网站
  营销部门    ─考虑阶段                   自动化层
  社交媒体                                共享数据集
  销售部门    ─购买阶段                   同一客户视域
  客户关
  系管理
  产品部门    ─成为客户阶段   新的可能性
  后端                                         物联网
                                        产品
  支持部门    ─口碑传播阶段
  客服服务 社群
```

图11-1　筒仓技术堆栈与场景化平台

在场景营销中，所有体验、数据源和技术都通过一个场景化平台相互连接，该平台具有以下三个定义特征。

- 所有的体验都与结果有关。
- 数据是互联的，在应用程序之间可以自由流动。
- 自动化层帮助品牌在消费者旅程中提供更相关的场景。

事实是，在无限媒体时代，数据互联并不是可有可无的。如果你的工具不能通过应用程序商店实现轻松互联，你就需要投资新工具或从头开始打造一个平台,使用应用程序接口(API)来规定哪些数据可以连接以及如何连接。有了互联的系统之后,通过数据共享和客户拓展协同工作,你的品牌就可以为每个潜在客户和现有客户提供无缝体验,这些会对你的营业额产生直接影响。

尽管打造场景化平台所需的工具因业务而异,但你至少需要用到以下 5 个工具。

- 客户关系管理(你的客户数据库)。
- 网站。
- 产品。
- 营销执行。
- 客户支持。

对这 5 个工具的投资规模,从小型企业的每月数百美元到大型企业的每月上万美元不等。这就是为什么公司领导层的支持和认可至关重要,而这些只是 5 个基本的工具。我见过有些品牌使用的工具多达 39 种,但 Salesforce 发布的《2017 年营销状况报告》显示,高效能组织平均使用 14 种工具的组合来打造一个有凝聚力的消费者旅程。[2] 工具的数量多少并不是重要的部分,重要的是它们是如何互联的。

让我们来看几个示例。Craveable Brands(澳大利亚快餐集团)旗下有570家快餐店,该集团将店内点餐系统与营销系统打通,以便更容易地识别和留住忠实客户。它最近成功利用了客户数据和在店内的销售时点管理系统中获得的许可,通过短消息服务引导客户使用新的在线送货服务。仅这一举措就带来了900万美元的额外在线销售额。该公司的数字营销和战略主管肯·罗素(Ken Russell)对最近的成果发表了评论:"我们希望我们的品牌成为澳大利亚最知名、最受欢迎的餐饮品牌。所有渠道的客户体验,而不仅仅是堂食体验,都至关重要"[3]

场景化平台还将需求生成与销售和营销渠道的完整视域连接起来。客户在消费者旅程中的所有进展都可以在整个组织内进行测量和自动化。例如,Associa(美国大型物业管理公司)利用其场景化平台自动培养和观察潜在客户。这样一来,营销人员能够吸引更多的潜在客户,销售人员可以跟踪潜在客户与营销物料的互动,这使他们能够专注于最有可能成交的机会。Associa负责营销和销售的高级副总裁马特·克拉夫特(Matt Kraft)表示,营销人员和销售人员的努力带来了40%的销售额增长。[4]

利用自动化程序来实现销售目标

自动化在营销中是一个相对新兴的技术，许多营销人员甚至对基本的自动化缺乏经验。但这一技术是各种场景营销体验之间的纽带。因此，我将在本节中介绍自动化的基本前提，以及场景化体验如何连接成为自动化程序。我还将探讨可以实现自动化的更高级的可能性。

所有这一切都意味着，当你开始设计自动化平台时，你需要像工程师一样思考。自动化是一个复杂的系统，需要采用与典型营销程序不同的方法。为了让我们都站在同一个角度，并演示自动化如何在整个过程中扩展场景化体验，我将介绍在使用自动化程序时应考虑的六大要素。

使用多个触发因子

自动化程序挑战了营销人员的各式传统营销手段，它不再用一个"高大上"的广告概念将潜在受众转化为实实在在的客户；它的与众不同之处在于，利用数据和技术来可靠地、重复地在任何时刻为每个客户创造完美的体验。你要是想学习将你的思维转移到这些细颗粒度的体验中，你需要用布尔逻辑，简而言之就是"如果……那么……"，例如，如果潜在客户在30

天内没有返回网站，那么就发送电子邮件。这是品牌针对消费者的行动或缺乏行动而发出的有针对性的触发。该逻辑由三部分组成：命令、一个触发因子和功能。

当然，有许多命令可以组合在一起来创建非常有针对性的自动化程序，从而建立一个广泛的触发因子网络，在准确的时刻实时触发每个潜在客户。你的平台及其工具将确定可以发布哪些特定命令和程序。以下是"最低限度"集合中每个工具提供的一般数据类型。

- 客户关系管理：销售参与和购买历史数据。
- 网站：页面浏览量、访问次数、搜索词和内容参与数据。
- 产品：产品使用数据。
- 营销执行：营销执行数据（电子邮件打开率、聊天机器人对话、链接点击、视频播放、内容下载）。
- 客户支持：何时、何种问题，问题的级别和类型、解决方案。

如下图所示，一个程序可能有18行或更多不同的逻辑线，这些逻辑线更像决策树，而不是代码（见图11-2）。这些类型的自动化程序将每一个涓涓细流汇成一个强大的需求流。

在你的场景化平台上，工具之间打通的数据越多，你就越能创造性地了解如何触发自动化程序，以及在何时何地启动或引导个人进入消费者旅程的下一阶段。

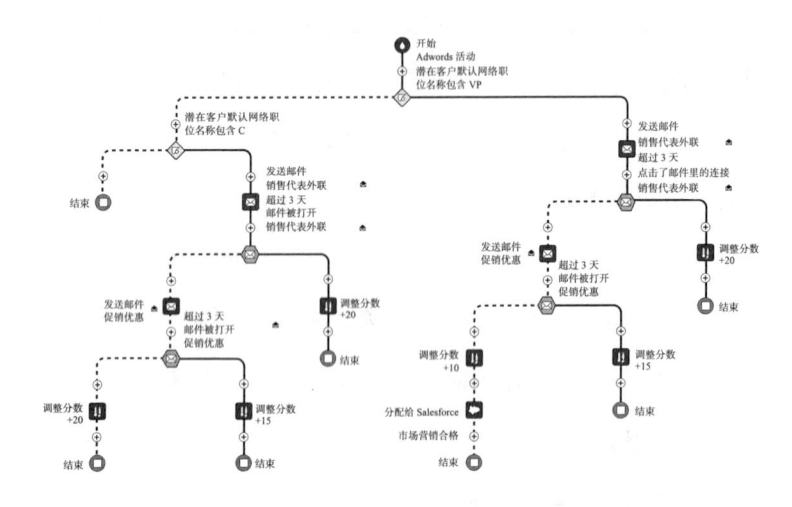

图 11-2　使用自动化程序吸引客户再次参与

为下一阶段内容创建触发因子

自动化程序会推动消费者前进（在这里叫消费者旅程走向下游），但要做到这一点，它们必须：（1）能够识别潜在客户或现有客户的当前旅程阶段，（2）能够记录个人的特定活动，(3)能够提供适当的体验，引导潜在客户或现有客户进入下游。

确定消费者旅程阶段的最简单方法是观察消费者采取的直接行动。这是因为人们只会参与和场景相关的内容，所以如果消费者参与了，程序就会告诉你，他或她在消费者旅程中的位置，也就是说，将你的内容映射到消费者旅程中。这些知识是激励程序采取下一步行动的关键。比方说，有人参与了你在博客上发布的《××最佳榜单》。一旦她打开了那篇文章，你的自动化程序可能就会在侧边栏或网页底部为她推荐另外两条内容。第一个推荐应该是为她所处的阶段设计的另一条内容，第二个推荐是对消费者旅程下一个阶段的问题的回答。这样，你就既满足了她目前的需求，又引导她进入了下一个她需要问的问题。前进的动机来自她自己，你只是让这一步更容易迈出。

通过深思熟虑后的购买，你将能够使用程序自动化地搜集信息，其方式看起来很像潜在客户评分系统———一种根据消费者的特定属性衡量意图并为其打分的技术。不过，你会以一种新的方式使用它，不是搜集消费者的基本资料，如职位、行业、预算和时间表（测量你对客户的兴趣），而是让一个程序来测量消费者在认知阶段参与了多少次量身定制的内容，并用它来测量该消费者对你的品牌的兴趣。通过这种方式，潜在客户评分系统成为一种新的数据分数，程序使用它来测量当前兴趣，以触发广泛的可能性。

例如，你设计了一个自动化程序，消费者在认知阶段与内容互动一次就可以得到5分；一旦他们的得分达到15分及以上，自动化程序就会向他们发送邀请，邀请他们参加一个针对处于考虑阶段的潜在客户的网络研讨会。同样，某个消费者如果得分达到100分，他可能会自动获得人对人的品牌体验（或许由销售代表来外联），营销和销售由此无缝对接在一起。

潜在客户评分是场景营销的关键数据分数。如果这由你的销售团队负责搜集，那么这里有一个简单的方法给你：查看地图中每个客户已完成的10笔交易，以及引导销售成功的一系列操作。鉴于你的工具都已互联，你应该可以访问此类数据。接下来，你可以将行动划分为消费者旅程各个阶段的策略。

我建议将预备销售分数定为100分，即消费者在处于销售阶段之前必须达到的阈值。举个例子，如果你有20个动作，那么消费者每做出一个动作就可以获得5分（100÷20=5）。消费者个人每次参与都会积分，当达到100分时，他们就做好了购买准备。你可以以这个基本公式为起点，然后将潜在客户交给销售人员，并与后者合作，将你的分数改进为正确的值。许多品牌在这方面做得不够好，因为它们忘记了潜在客户评分是一个有生命力的程序，必须随着产品和消费者旅程而不断完善。

简化客户许可流程

从理论上讲，客户许可流程很简单，你只需申请即可。然而，在实践中，这一理论在通过口语交谈的场景化方法中效果最好（有关客户许可，可参阅本书第5章）。乍一看，自动化可能听起来不适合这项任务，但事实证明，它们确实帮助品牌获得了更多权限，让你的潜在客户继续向消费者旅程下游移动。

正如第5章所述，获得与消费者直接联系的权限是场景营销获得突破的关键，而最常见的方法之一就是价值交换。这种方法要求消费者在表单中填写他们的个人信息，以换取有用的内容或其他形式价值的访问权限，从而满足他们目前的需求或意愿。消费者填写表单是品牌所期待的，但这并不意味着他们不会在最后一刻放弃。你可以采取手段，避免消费者一看到表单就置之不理，并通过使用"渐进式分析"来提高参与度。

塞思·戈丁在1999年出版的《许可行销》一书中最早提出了"渐进式分析"的概念。然而，当时我们还没有技术来自动分解消费者与品牌互动的问题。例如,你的第一个权限请求可能只是请求消费者提供有效的电子邮件地址。你的下一次互动(例如,促使消费者响应参加网络研讨会的请求)将要求消费者提供他们的姓名(见图 11-3)。

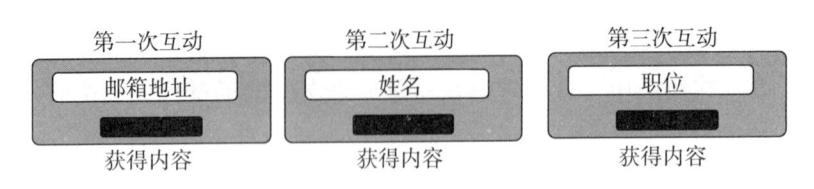

第一次互动	第二次互动	第三次互动
邮箱地址	姓名	职位
获得内容	获得内容	获得内容

图 11-3 渐进式分析示例

强大的场景化平台可以始终提供单一的 360 度客户视域,因此,这让跨渠道的渐进式分析成为可能。例如,消费者和品牌在社交媒体上进行第一次互动时,你可以请求电子邮件发送许可,然后当消费者随后访问你的网站时,你可以再请求获得他们的姓名。这种体验的渐进性确保了你不会要求消费者重复许可相同的信息。

你可以使用聊天机器人来帮助你获得许可。想法更先进一些的营销人员已经开始使用聊天机器人,通过让它们在网站上与消费者对话来获得所需的许可,而不再使用表单。这是怎么做的呢?详见下图(见图 11-4)。

聊天机器人可以在不同的渠道上随时弹出。它们可以部署

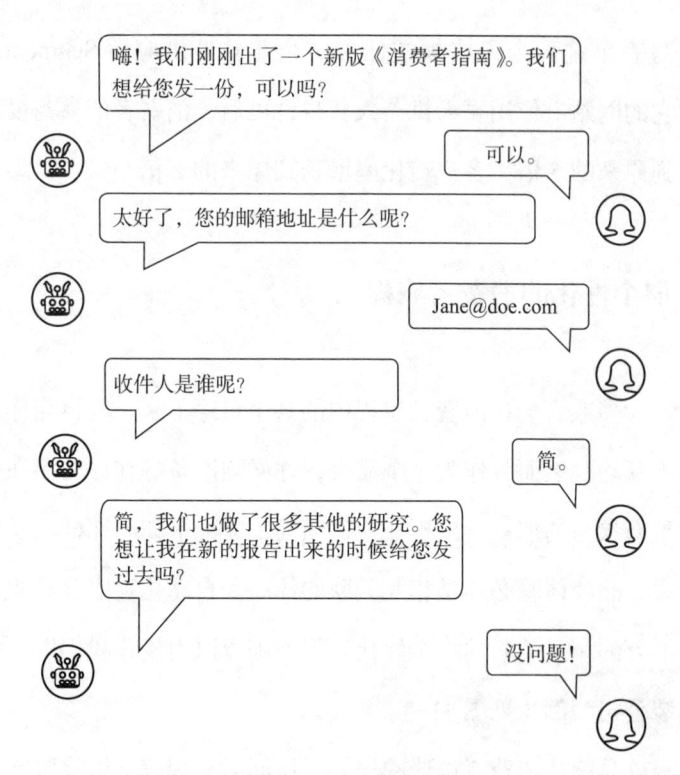

> 嗨！我们刚刚出了一个新版《消费者指南》。我们想给您发一份，可以吗？
>
> 可以。
>
> 太好了，您的邮箱地址是什么呢？
>
> Jane@doe.com
>
> 收件人是谁呢？
>
> 简。
>
> 简，我们也做了很多其他的研究。您想让我在新的报告出来的时候给您发过去吗？
>
> 没问题！

图 11-4　聊天机器人帮你获得许可

在网站上帮你获得电子邮件发送许可，或者用于将许可扩展到社交媒体渠道，例如使用 Facebook Messenger 机器人与你的社交媒体受众直接交流，然后你可以通过交叉传播来扩大你的电子邮件受众。

一个好消息是，消费者很喜欢聊天机器人。聊天机器人"健谈"，能够高效地切入要点（至少是好的方面），并且消除填写表单这种令人厌烦的任务。企业软件供应商 Segment.io 在它的网站上使用聊天机器人获得许可后,消费者的参与度增长到原来的 5 倍,客户转化率增长到原来的 2 倍。[5]

扩展个性化的消费者旅程

大多数人会在消费者旅程中的某个点停下来,不再与你的品牌互动。然而,作为一个品牌,你必须准备好在你的潜在客户重新参与的那一刻出现在他们面前,就像最初时那样。换句话说,品牌体验必须是相互关联的体验。自动化程序会赋予成千上万的相互关联的、个性化的涓涓细流以力量,我们以一家服装公司为例(见图 11-5)。

该品牌从消费者访谈中得知,访问了品牌旗下探险服饰的消费者最有可能正在计划旅行。客户要参与一项新的运动或去往一个新的目的地,他们既对这次旅行感到兴奋,也感到有点儿紧张。客户渴望获得能够回答他们问题的内容以及目的地的图片。满足这些需求,你的品牌就可以一方面让客户尽兴,另一方面缓解他们的焦虑。在下图中,这个品牌已经规划了一个庞大的可能的行动网络,让各类个性化体验在消费者旅程中的购买阶段保持流动。一个人只触发一种体验,而且体验只有在

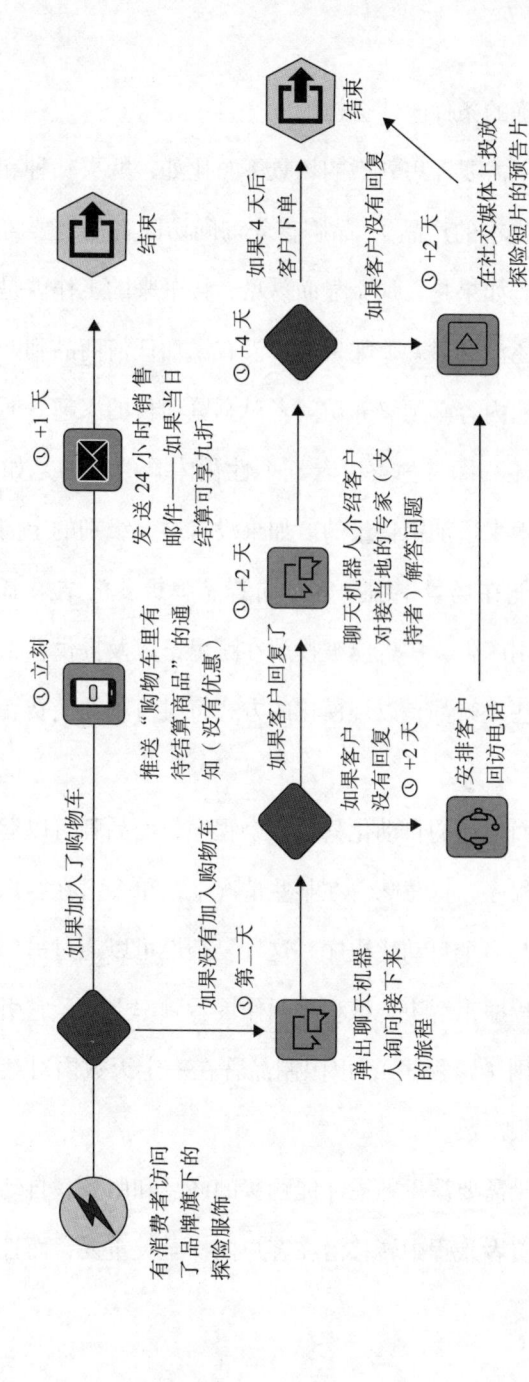

图 11-5 自动化程序让消费者在购买阶段及之后继续前进

第 11 章 用自动化手段引导消费者旅程

适用正确的条件时才会被触发。

在不需要深思熟虑的场景下（比如，购买一种和电脑相比来说低成本的产品），品牌首先询问访问者是否要将商品加入购物车。如果是，那么显而易见，接下来的工作就是询问为什么客户还没有付款。如果客户没有添加任何商品到购物车，那么推送的内容必须培养访问者对浏览项目的兴趣。通过这个可视化的流程图，你可以看到个性化体验的流动是如何依赖自动化技术来增加销售量的。如果没有这一级别的定向营销，你就不可能在场景中引导客户向着品牌想要的结果前进。关于何时使用广告，广告应被投放在哪里，以及提供什么内容的广告，这些决策都是以规模化的方式每时每刻在消费者旅程中完成的。

上面描述的自动化只是一个程序，而品牌可以运行数百个这样的程序，这意味着在某些情况下，单个潜在客户可能同时积极参与多个自动化程序。这种复杂性可以通过另一个简单的自动化程序来解决，该程序叫作展示频率上限，它引入了全球通用规则（跨程序），以限制品牌在一定天数内对某一客户展现的上限次数。

关于需要深思熟虑才能购买的产品和服务，自动化程序对于在消费者旅程中转移潜在客户同样至关重要，而且它们可以快速产生成果，对任何行业都是如此。一个很好的例子来自高等教育领域。这是一所常春藤盟校的在线学院，被《美国新闻与世界报道》列为十大商学院之一。这个著名的学府需要提高招生人数。营销团队已经用尽了传统的营销方法，在了解了场景营销后，他们决定试试。他们的第一步是向大学领导层提出要投资一个场景化平台，并说明了这样做的原因。营销团队表示，平台每年花费的成本不到5万美元。当时，该大学的广告成本已超过100万美元，与之相比，建设平台的成本不值一提。这意味着，新的营销形式只需将招生人数提高零点几个百分点，就能证明这项投资是合理的。不出所料，他们的申请得到了批准。

该大学的营销团队遵循了本书中列举的步骤，并与我分享了他们的故事。该团队首先通过详细的访谈确定消费者旅程的各个阶段和客户画像。利用得到的结果，他们绘制了每门大学课程的消费者旅程图，为每个相关搜索词设置触发因子，当潜在学生希望了解更多知识时，他们就能捕捉到这个时刻。通过提供强有力的内容，这所著名的大学获得了直接联系感兴趣的学生的许可。

接下来，自动化程序上阵，根据每个学生进入的时刻识别他们在消费者旅程中的阶段。在每个人累积的互动情况（即潜在客户评分）的指导下，该程序随后发送了一系列直接的电子邮件，指导潜在的学生在消费者旅程中前进。分数越高，程序提供的预备销售内容就越多。传递体验的电子邮件以富文本制作，外观和感觉类似于个人电子邮件；营销团队还采用了对话的口吻，使品牌体验达到了高度场景化的水平。

每次交互和数据评分都被反馈到场景化平台上，一个程序正在等待为处在考虑阶段的学生发送内容、推荐或视频链接。一旦客户的潜在客户分数达到预备销售阈值（100分），另一个程序就将提醒大学的招生代表人对人地联系和指导学生完成招生过程。

将学校使用传统广告宣传取得的效果与通过场景营销获得的效果进行比较，我们可以看出明显的差异。

- **传统广告**。该大学使用谷歌AdWords的付费搜索词，将潜在客户引导到一个网站上，以接收关于课程的信息。在那些浏览页面的人中，7%的人转化为销售人员的潜在客户，而在这些合格的潜在客户中，3%的人转化为入学学生。每100人中，有0.02%的人成为该校的学生，这意味着，这个招生广告需要覆盖500人，才能招到1名入学学生。

- **场景化程序。**场景化程序针对3万名新的和现有的潜在客户运行。在这3万人中，18%的人转化为销售人员的潜在客户，而在这些合格的潜在客户中，50%的人转化为入学学生。因此，在100名接触该程序的人中，有9人成为该校的学生。场景化程序可以这样与传统招生广告相比：在500名接触场景化程序的人中，有40多人会成为该校的学生。这产生的收入是投放传统招生广告后产生收入的40多倍。

完成销售

对于还没有进入购买阶段的后期客户，品牌也可以使用自动化程序对其进行引导。无论是发送一封有额外折扣的电子邮件，还是发送消息提醒他们购物车里有还未结算的商品，自动化程序都可以帮助完成销售。2017年假日期间，乐高将这一想法付诸了行动，它把在线购物体验与社交媒体上名为拉尔夫的聊天机器人联系起来，创造了一种专门为后期客户设计的极度场景化的品牌体验。[6]

设计拉尔夫是为了帮助人们找到最好的乐高礼物，这可能很困难，因为乐高的产品数不胜数。拉尔夫在Facebook Messenger 内运营，与广告或电子邮件相比，它在场景中与消费者的距离要近得多。为了让拉尔夫发挥作用，乐高使用了其对乐高网站所有访问者的跟踪数据，并创建了一个程序，通过触发仅与以下几类客户交流：（1）在过去 14 天内访问过乐高网站的人；（2）在过去 7 天内没有购买任何东西的人。该程序需要一个互联平台来搜集乐高网站和订购系统中所需的信息，然后用这些信息在 Facebook 上生成体验。

一旦符合标准的客户登录了 Facebook，他们就会收到来自乐高的广告。这是一个很好的例子，说明广告可以成为更大旅程的一部分。这则广告并不是为了吸引人们回到乐高的网站上，而是为了邀请他们在 Facebook Messenger 上与聊天机器人拉尔夫进行对话。

推动拉尔夫对话的程序旨在通过一系列问题，引导每个消费者逐步填写接受乐高礼物者的个人资料。这些信息让拉尔夫知道什么是最适合客户的乐高套装——所有"对话"平均持续约 4 分钟。

给拉尔夫提供支持的一整个自动化程序在乐高官网、Facebook 广告和 Facebook Messenger 上无缝运行，它在完成大规模销售的同时，与每一个客户在场景中保持密切联系。有一点我要提出：交易都发生在聊天期间。拉尔夫帮助客户找到了最适合的礼物，客户可以直接在 Facebook Messenger 中下单。这种体验是以一种全新的方式连接起来的，通过拉尔夫完成的订单量是乐高网站（非聊天机器人辅助的）上平均订单量的 1.9 倍。更出色的是，仅这一个自动化程序带来的销售额就占乐高 2017 年当季在线销售额的 25%。[7]

增加客户生命周期价值

最重要的是，自动化程序在保持与现有客户的沟通和增加客户生命周期价值方面发挥了很大作用。归根结底，这意味着引导客户为你的品牌传播口碑。这是一个经常被忽视的阶段，特别是当你的营销团队仍然停留在漏斗式营销的模式中时。售后自动化程序在重复购买和推动方面都表现亮眼，它提升了客户留存率以保持公司的强劲表现和销售额增长。

Salesforce 每季度使用自动化技术为数千名新客户提供服务，为他们提供一切所需的服务，他们成了我们的超级客户和我们品牌的口碑传播者。自动化程序首先会自动发送欢迎电子邮件，邮件包含两个行动呼吁：主要行动（即注册参加网络研讨会）和次要行动（即加入"开拓者社区"）。主要行动提供了"欢迎来到 Salesforce"网络研讨会的免费注册，而在电子邮件中，次要行动提供了加入开拓者社区（包括 Trailhead 社区）的会员资格。这些电子邮件是动态的：下一个自动化程序将根据收件人对第一个程序的参与度（或缺乏参与）发送体验。例如，如果此人参加了最近推荐的网络研讨会，那么这个程序将跟进该系列中的下一次网络研讨会。如果此人没有参加网络研讨会，那么这个程序将定制一条消息，去鼓励他参加。

在收到欢迎邮件之后的几周内，新客户将继续收到一系列电子邮件，这些邮件将引导他们参加越来越高级别的网络研讨会，以及了解其他支持资源，如视频和演练。每一次交流都会引导客户更深入地了解 Salesforce 提供的功能。如果客户与内容和部署的互动进展顺利，这些新客户将在一个月内继续收到我们"成功服务"团队的消息，直到他们在我们的平台进行了注册并且使用我们的平台。最终，他们被交给另一个自动化程序，这个程序帮助他们更多地使用我们的产品和解决方案。

如果程序检测到产品的参与度和使用度低，那么消费者将被送往不同的旅程，设计好的内容会在场景化的情境下突围（例如，在受挫时）。如果这样做还不能解决问题，程序就会自动创建一个工单，并分配一名客户经理，他会提供帮助

（人对人的）。事实证明，这些程序非常有效：完成客户引导并加入 Trailhead 社区（包括装备发烧友）的客户平均在购买 Salesforce 产品和服务的花费方面提升为原来的 2 倍，在客户留存时间方面提升为原来的 4 倍。这为 Salesforce 在用户采用和客户生命周期价值方面带来了显著的总体增长。

下一步：自动化程序去中心化

一旦你接受了自动化程序，你就可以开始走向无限媒体时代的下一个目标：自动化程序去中心化。

虽然每个工具都能够自动化，例如使用你的营销自动化平台发送电子邮件或使用你的网站更改内容，但它们都是集中式的工具——这意味着它们接收数据、处理数据并在这些数据基础上执行，每一件事都发生在这个工具的内部。但自动化程序去中心化发生在跨工具网络上，扩展了产品体验的全部可能性。这是爱彼迎获得如此快速增长的关键之一，也是这种新的自动化理念推动未来品牌体验的关键。

爱彼迎在初创阶段就找准了它的受众自然参与的时刻。它的受众分为两大群体：希望出租自己房子的人（房东）和希望租房子的人（房客）。爱彼迎在 Craigslist（一个大型免费分类广告网站）上找到了这些受众，以及接触他们的合适时机。大规模接触意味着创造自动化。它按照场景架构图，利用可得即用、个性化、客户许可、真诚同理等要素进行突围。

为了接触它的第一批受众——房东，爱彼迎利用了Craigslist的本地通信渠道：电子邮件。爱彼迎创建了一个自动化程序，它可以跟踪到Craigslist上每一条新发布的出租帖子，并从中提取数据，然后生成一封高度个性化的电子邮件，直接发送给发帖的人。这是一个定向触发因子。以下是其中一封真实的电子邮件。[8]

我们得知您有太浩湖地区最好的房源，并且在Craigslist上发布了出租信息，我们建议您把房源也放到爱彼迎上，它是最大的度假租赁网站。我们网站每月的浏览量已经达到300万次。点击此处查看（爱彼迎的URL）。

吉尔

爱彼迎获得了客户许可，并且内容写得非常真诚。它看起来很像是一个真人写的，甚至结尾还附有个人签名——吉尔。

正是这种简单的自动化程序把如此多的受众带到了爱彼迎，并促使他们在新网站上发布自己的房源。接下来，爱彼迎还得把这些房源租出去。为了实现这一点，它又创造了另一种自动化。爱彼迎将它网站上的所有房源重新发布到 Craigslist 上，在消费者旅程中有效地引入了一个自然时刻，同时帮助客户实现他们当前的目标，即找到最佳的房源。

请注意，爱彼迎并非只用单一的工具创建了这两个自动化程序，而是使用多种工具从不同的来源提取数据，再使用不同的工具执行。这就是去中心化的自动化。

爱彼迎的例子非常简单，但今天的场景营销人员正在以一种复杂的方式利用去中心化的自动化程序。在无限媒体时代，我们都需要明白，自动化已经集成到企业的每一个工具中。你的销售工具可以自动发送电子邮件，你的聊天机器人可以自动对话，你的网站可以自动更改内容以满足当前的个人需求。如果要创造更多场景化体验，下一步我们就要学习如何结合这些自动化程序。

例如，你的产品已经有一个数据源，这个数据源会告诉你消费者正在使用什么以及他们是如何使用的。使用标准的营销自动化工具是不可能访问这些数据的，这就是为什么一代又一代的技术进入这一领域，致力于让营销人员轻松地访问后端数据，而不必请求工程师帮忙。这些工具会创建一个数据流，让其他工具可以利用这些数据流，将后者转换为你的自动化程序所需的信息，以便它们随时以各种方式运行。

现在，假设你在产品中添加了一项新功能，并希望询问客户对此的感受。此刻，这些数据指导另一种工具部署对该功能的调查。调查结果变成了新的数据，告诉你谁觉得好，谁觉得不好。在下一次有客户来的时候，你就可以用到这些数据（例如，调查分数如果为8分及以上，则做X；如果低于8分，则做Y）。这可能意味着，你要么弹出一个聊天机器人，向客户展示如何从新功能中获得价值，要么碰到满意度很高的客户，就要求他们留下评论。同样，请注意，这一系列体验发生在许多工具上，但不包括传统的营销自动化平台。

* * *

在无限媒体时代，品牌必须开始将自动化视为体验的未来，并认识到要创造自动化，品牌需要将所有工具和数据联结在一起。这就是平台如此关键的原因。营销自动化工具是该平台的主要组成部分，但自动化不会只发生在传统的营销执行中。自动化将在消费者旅程中无处不在，这是有充分理由的。随着品牌开始转向场景营销，并接受消费者旅程战略，你应该建立场景化平台，并开始安装和管理大量的自动化程序，下一个根本性的转变已经呼之欲出。市场部增加的需求已经远远超出了我们目前的工作流程。我们即使有了自动化，一天中也没有足够的时间来包揽一切，这就是为什么高效能营销组织接受了一种新的工作方式，这种方式不仅可以管理杂乱无章的事务，而且可以在单位时间内产生最高的价值。高效能人员要接受敏捷式开发。

第 12 章
更快,更好:在消费者旅程中构建敏捷式开发流程

从 2010 年到 2012 年,推特客户迎来了高速增长,在这段光辉岁月中,推特并没有采取任何激进的措施来促成这一结果。推特没有投放更多的广告,没有增加媒体报道,也没有提升品牌推广。事实上,它只改变了增长模型中的一件事:进行更多的测试。这是推特前产品副总裁萨蒂亚·帕特尔(Satya Patel)在 2014 年敏捷营销会议上分享的情况。[1] 从 2011 年第一季度开始,推特开始把每两周测试 1 次调整为每周测试 10 次。这种"快速实验"让该公司能够找到客户想要的体验和技术,并在适当的时候触发这些体验。结果是什么呢?推特的增长速度变得比以往任何时候都快(见图 12-1)。

肖恩·埃利斯和摩根·布朗在他们的《增长黑客》一书中认为,这种快速实验或他们所说的"高节奏测试"可以说是现

代创造力的缩影，也是帮助企业向前发展的关键。除了推特以外，两位作者还考察了Facebook、优步、Dropbox和爱彼迎等公司，抽丝剥茧地解释它们何以实现爆炸性增长。与推特一样，这些公司的成功并不是由于投放了有创意的广告或更好地使用了策略，而是由于它们"学得比所有人都快"。正如布朗在最近的一次谈话中告诉我的那样。

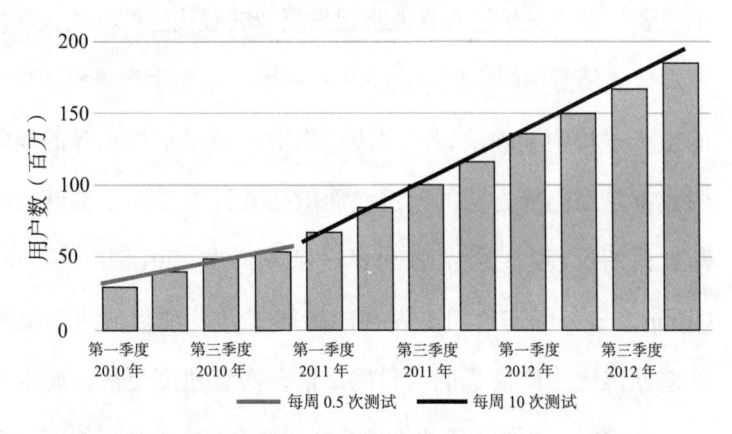

图12-1 推特客户增长（2010—2012年）

换句话说，扩大业务规模的关键并不在于想出最有创意的点子，而在于快速测试假设，以得出最佳结果。更重要的是，你需要在整个消费者旅程中应用快速实验，以获得最佳结果，因为这样的迭代测试可以改进任何体验。还记得吗，本书前面提到，即使是效率上的微小提高，也会对收入产生巨大影响——在消费者旅程的前4个阶段中，效率每提高1%，净新收入就会增长40%。因此，我们必须将整个消费者旅程视为一次实验，我们的工作不是"发挥创造力"，而是在整个旅程中不断检验我们的假设，每天都做改进。

快速测试的过程被称为敏捷式开发，它是高效能营销组织的主要特征。虽然还有其他听起来类似的现代生产方式，如快速失败或精益生产，但它们不是一回事。精益生产是指从当前的生产过程中消除浪费，而快速失败只是指承担更多的风险。两者都是对当前方法的改进，而敏捷式开发是一个全新的不断迭代的过程，它让品牌和客户保持一致。2018年，Stanish Group（知名咨询公司）发现，敏捷式开发项目的成功概率是遵循传统生产流程的项目的2倍，而且速度更快，成本更低。[2] Salesforce的研究也证明了这一结论：高效能组织使用敏捷式开发的可能性是低效能组织的10倍。[3]

企业应将敏捷式开发视为一种战术方法、一种组织结构和一种看待万物的新视角。若要从传统营销实践向场景营销实践转变，你将需要这样一个视角：在不断变化的消费者需求中，为创造场景化体验（以及它所包含的一切）打下坚实的基础，并对其保持不懈的关注，同时管理数百个同步运行的程序。更重要的是，消费者获得更好体验的标准将不断提高，这将使营销人员处于非常艰难的境地：我们必须找到一种方法，以更高的价值持续提供更多的体验。敏捷式开发是这个问题的答案，也是场景营销人员必备的核心技能。

本章将向你展示，如何使用敏捷式开发来改进和加快消费者旅程，如何使用数据支持的测试来构建消费者旅程，以及如何使用敏捷式开发待办需求来保持专注并获得最高的工作回报。

用更少的时间打造更好的消费者旅程

敏捷式开发有很多应用，而消费者旅程是其中一个很大的应用。尽管提出敏捷式开发概念的人是试图创建计算机程序的软件开发人员，但敏捷式开发过程也为正在精心设计无穷体验组合的营销人员解决了完全相同的问题。这是因为营销人员面临着与程序员类似的挑战。想想看：程序员与他们的最终客户是分开的；他们试图构建产品，但几乎没有关于他们要解决什么问题的场景；他们的项目基于假设而没有测试；他们不断地被要求随着项目的进展对可交付成果进行调整；结果，项目将错过时间表约定的时间，并且不能真正解决消费者的实际需求。听起来耳熟吗？

但后来软件开发人员认识到了一些事情：他们面临的问题只是他们所遵循的流程的副产品。有什么解决方案吗？制定一个新流程，那就是敏捷式开发。敏捷式开发基于一组核心原则，试图提供关于大致过程和结构的原因。敏捷式开发作为一个过程是基于多次迭代的，而不是一锤子买卖，它重视客观反馈，而不是主观意见。作为一种结构，敏捷式开发侧重于打造协作团队，而不是孤立的渠道团队。

如何倡导敏捷式开发的力量

如果你面对的团队成员真的不能理解敏捷式开发的概念，或者为什么他们应该改变他们创造品牌体验的方式，你可以向他们展示一个非常简单的证据。这是体现敏捷式开发力量的一个例子——更好、更快地生产东西。

- 你需要拿一张纸，在对角上画两个点，如下图所示。
- 让团队成员在他们自己的纸上也照着你画的样子画两个点。然后让他们把笔放在其中一个点上，闭上眼睛（不要举笔），试着从这个点画一条到另一个点的直线。当他们认为自己已经将两点连起来的时候，让他们停下来，睁开眼睛。让他们知道，他们可以慢慢来，可以在他们准备好的时候开始。当他们放下笔时，他们的线条很可能是下面这样的。

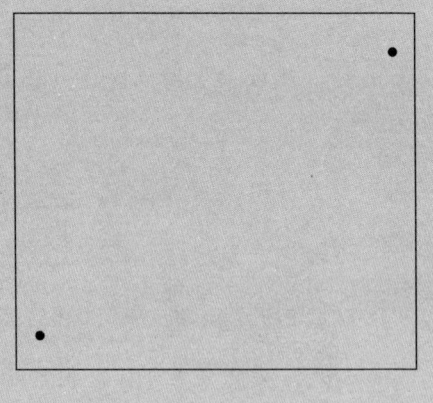

- 如果他们碰巧连接了两点，那么这是非常少见的，纯粹凭运气，而非证明这个方法是正确的。为了证明用这个方法把两点连上靠的是纯粹的运气，你只需要求团队成员使用相同的方法再连一次，连续试三次。他们很有可能不能重复这一结果。（他们刚刚使用的方法类似于

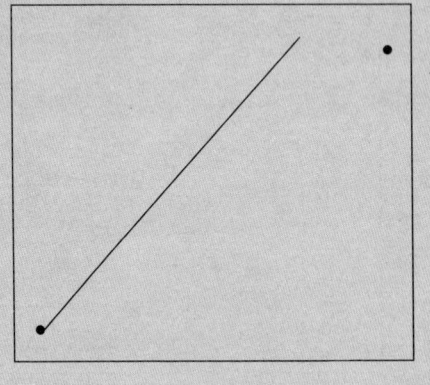

我们通常所说的瀑布式开发,即提前制订完整的计划,然后按步骤执行,而无须过多考虑,例如,在流水线上的工作就是如此。)

- 现在让团队成员再试一次,但这一次要遵循迭代的敏捷式开发过程。让他们把笔放在一个点上,闭上眼睛,开始连线——但他们可以在任何位置停下笔,笔尖还是停留在纸上。他们睁开眼睛,从停下的这一点往后重新校准(不要抬起笔)。然后让他们再次闭上眼睛,继续连线。团队成员画出的第二条线看起来可能是下图中这个样子——与其说是一条线,不如说是一个之字形的图案,但还是连接了两点。

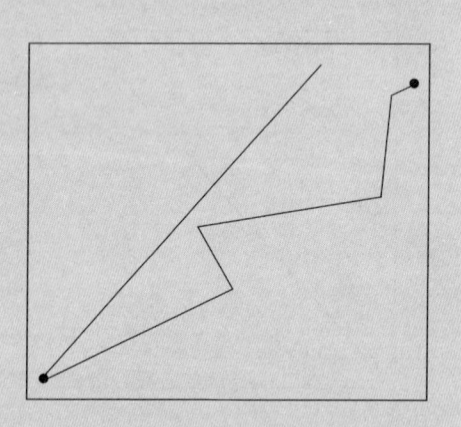

- 你可以随心所欲地重复敏捷式开发练习,你会发现敏捷式开发路线总是能达到目

> 标，更快、更省力。这是因为敏捷式开发是可靠地创造更好体验的唯一途径，并且是可扩展的。

因此，我们可以认为敏捷式开发过程源于问题本身的结构。如何创造最有效、最高效的消费者旅程？通过让各方参与协作和测试的过程，敏捷式开发之旅可以更快地产生更好的结果。协作既可以发生在内部，也可以发生在外部。在客户参与构建过程的每个阶段，他们的反馈与量化结果相结合，都会为下一次迭代提供方向。在内部，协作是以一种产品小分队（pod）的结构创建的：拥有不同技能的团队成员一起工作，测试想法，获得即时反馈并迭代产品，以创造更好的体验。

产品小分队遵循敏捷式开发的流程（见图12-2）。

具体地说，敏捷式开发流程始于客户故事。这些故事告诉你这个人在整个过程中是如何自然地参与其中的，这就是为什么本书第三部分的第9章详细介绍了如何获得这些故事（也就是客户调研）。接下来，创建一个最低可行的体验（MVE），产品小分队会把最低可行的体验看作一个假设。最低可行的体验不是成品或体验，而只是第一次测试，通常也是检验一个基本假设的最简单方法。

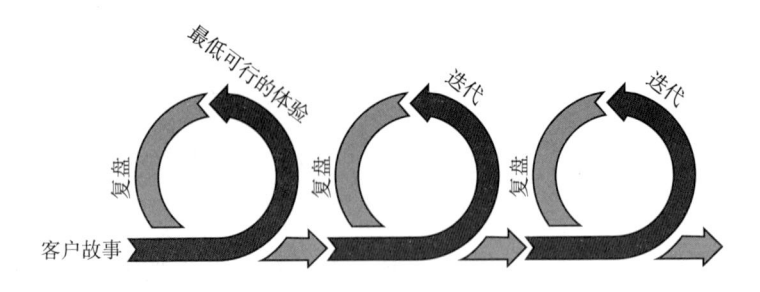

图 12-2 敏捷式开发过程

例如,桑坦德银行放弃了长期的生产计划和依靠繁复的审批程序去执行单一的营销活动,转而去做一些规模较小的低风险工作,这些工作很快就启动并在事后接受了评估。那些做成了的工作重新获得投资,并推动发展,而没做成的工作则被放弃。以桑坦德银行对 Boris Bikes(伦敦自行车共享公司)的赞助为例,桑坦德银行一开始只设置了为数不多的自行车和停放点。在部署新的自行车停放点之前,该行参考了客户的反馈和数据(比如最常用的自行车路线),来决定在哪里设置以及在哪里增加停放点。桑坦德银行在整个营销活动中采用敏捷营销的方法,使客户忠诚度提高了 12%,客户满意度提高了 10%,达到了 17 年来的最高水平。[4]

第一资本：敏捷式开发团队的案例研究

亚历克·鲍德温、塞缪尔·杰克逊、宋飞的父亲和维京人有什么共同之处？他们都会问你："你钱包里有什么？"这是美国第一资本金融公司（Capital One Financial）的一句广为人知的广告语，这家公司的信用卡开创了新的信贷模式——网上银行、手机银行，现在是敏捷营销。你可能不会认为一家金融公司是进步的，但这家成立于1988年的公司，正是基于这样的想法：利用信息、技术和测试的力量，将高度定制化的金融产品直接带给消费者。

事实上，第一资本是首批在营销部门大规模利用敏捷营销测试的公司之一。通过与熟悉这项工作的过去和现在的未透露姓名的消息来源进行交谈，我得知，该组织认为这是一个关键的商业决策。这给营销团队传递的信息是："我们转向了敏捷式开发，准备破釜沉舟，没有回头路可走了。"第一资本做出这一举动有几个关键原因。首先，公司的其他部门使用敏捷式开发已有多年，因此它已经是一个业务核心。[5]其次，领导层看到了技术以外的部门也能从敏捷式开发中受益。他们在领导层的监督下,进行了小范围的测试。结果不错,于是领导层给予了全力支持。

结果,我的消息来源告诉我,不仅营销人员的工作质量和效率有所提高,而且人们对他们工作的基本看法也有所改善。敏捷式开发使他们能够调整每个人的目标,而流程支持并加强了这种一致性。敏捷式开发有助于将每个人的营销概念从主观转变为可衡量和优化的努力,以实现单位时间内可能的最大价值。通过重新定位围绕着敏捷式开发的营销,公司让一个拥有130人的部门能够立刻动态地响应客户的需求。

我的消息来源说,银行营销人员取得成功的关键是他们知道如何去组织和构建敏捷式开发团队。首先,他们确定了可以很容易地以敏捷式开发完成的工作,这些工作可以进行多次迭代。他们很容易从内容创建、数字体验和消费者旅程管理上开展工作,因为这些地方允许快速部署和即时反馈。第一资本选择了12个特定团队(规模几乎占营销组织的一半),以敏捷式开发的方式进行工作。(一些团队,例如需要遵循连续过程的事件团队,最初没有转换为敏捷式开发。)

每个新团队都被重新命名为"产品小分队",产品小分队被分为4层,最上层是负责的业务执行(AE),然后依次为项目经理(PM)、项目负责人(PO),最后是同行。这些同行包括文案、平面设计、艺术指导、数据分析和协调。他们得到了外部合作伙伴的支持,例如渠道销售,以完成更大的业务目标。

业务执行确定好团队的方向后,项目经理负责设计项目的时间架构图和团队在每一步打算实现的目标。项目经理还需回答如下问题:最低可行的体验是什么样子的,需要如何实现?我们应该使用哪些渠道,以什么方式使用这些渠道?然后,项目经理和项目负责人共同制订详细的计划,项目负责人设定成果的目的和优先级。下一步,项目将被解压缩成队列中的任务。然后,项目负责人和整个产品小分队将对这些任务进行强制排名,并拆分工作。然后,团队将着手处理排名前三的任务,其余任务被放入待办需求。

产品小分队会使用一套标准的敏捷式开发流程。从搜集客户故事开始,进入快速的生产周期,然后是复盘和迭代。作为复盘的一部分,业务分析师向产品小分队展示结果,后者将把结果放回规划中。有时,数据可能会更改任务的顺序和优先级,并将内容移入或移出待办需求。除了复盘项目外,产品小分队还将检查所使用的流程是否有效。因此,产品小分队不仅会迭代其工作,而且会迭代完成工作的流程。

每个产品小分队都会获得一些支持,主要有以下两种方式。首先,每个产品小分队都有外部合作伙伴,如关键技术管理人员和主题内容专家(SME)。但更重要的是,每个小组都分配了一个敏捷式开发指导员。由于第一资本已经在产品端使用了敏捷式开发,它派出敏捷式开发流程方面的专家到各个营销产品小分队。这些敏捷式开发专家成为内部顾问,协助敏捷式开发团队和管理人员取得成功。

技术和创新一直是第一资本的核心,这让该公司能够比其他任何人更早地创造出浮动利率信用卡,摘到敏捷式营销的硕果。此外,第一资本对技术和创新的关注使其跻

> 身《信息周刊》的信息技术最具创新力客户500强以及《财富》杂志的全球最受尊敬公司排行榜，其在年度《财富》500强排行榜上也位居前列。它还是美国第九大银行。对一家相对年轻的公司以及一个传统上缺乏创新的行业来说，这些都是巨大的成就。
>
> 改变整个营销组织的结构可能是一个企业所能做的最极端的事情之一。然而，第一资本如今已经证明了这种根本性变革是必要的——无论是在我们思考营销时，还是在我们执行营销时，都是如此。

回到图12-2，最低可行的体验之后是对测试的复盘，即利用更多的客户反馈和定量数据来确定最好的下一步是什么，然后产品小分队再次进行迭代。敏捷式开发流程的力量来自协作和迭代的循环。这种持续不断的反馈、协作和测试使一个想法每次都能实现其最高价值。通过多次重复这个过程，你可以降低失败的风险，并增加经验价值，因为一切都是你在以前成果的基础上建立起来的。

数据支持的测试：无偏见的假设

传统来说，营销人员遵循的是需要几个月才能实施的消费者旅程战略。首先，他们在一块巨大的白板上画出了他们设想的一系列步骤。然后，他们拍摄照片，并将这些照片发送给品牌宣传团队。这些图像揭示了需要编写、拍摄和制作的大量新内容。再之后，他们编写配套的程序、设计登录页面等。

但是，即使你以客户故事和访谈为基础，你仍然带着偏见来构建它。你认为你的内容和品牌体验会奏效，但你并不能保证它们会奏效。如果不测试你的假设，你就是在把大量的时间、精力和金钱押在你自己未经证实的假设上。

相比之下，敏捷式开发流程将消费者旅程分成块或小步骤来构建，其中每组体验都会反复创建和测试迭代，直到得到清晰的结果——整个过程都使用真实数据，而不是有偏见的猜测。一部分一部分地进行创建和迭代让过程更快，也更容易与你的常规工作量保持平衡。与其投入大量时间来构建一个大程序，不如一步一步地构建程序。这让你可以在多个程序之间切换，并在进行过程中对每个程序进行优化。该过程可能如下图所示（见图 12-3）。

消费者旅程中的第一个和第二个行动是测试——客户是否会打开你发送的电子邮件，那时标记为 1、2、3 的动作尚未明确。这些动作将根据从先前测试中搜集的数据及早构建起来。

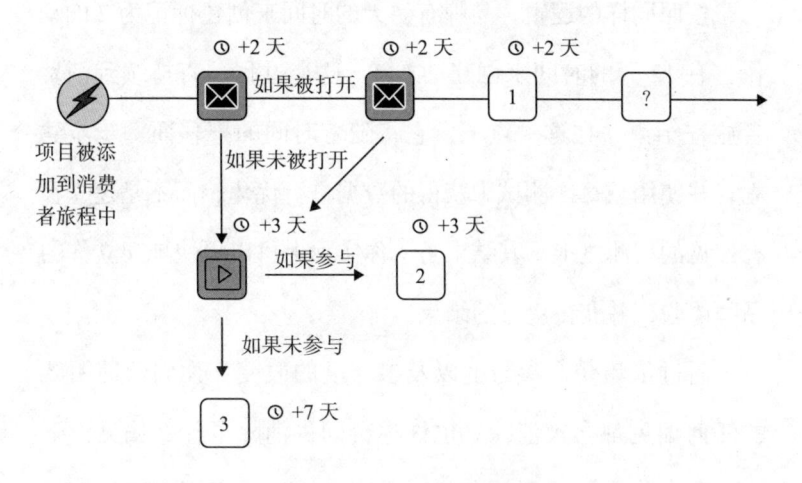

图 12-3　使用敏捷式开发创建自动的消费者旅程

接下来的步骤需要多长时间完全取决于你，但你要以动作之间的时间为指南。在本例中，自动化程序以两天为一个停顿，这意味着如果一个人被添加到程序中，那么两天后程序就会发出第一封电子邮件。本例中的停顿用小时钟的图案和动作上方的天数来标记。如果此人参与了，程序将再等待两天，然后采取下一个行动；如果此人没有参与，那么程序会等待 3 天，然后采取替代行动。如果你将停顿时间相加，你就可以看到，从这个人第一次进入程序到必须构建程序中的下一个动作（用方框 1 表示）为止，该品牌有 6 天的时间让第一步有足够的时间进行检验和迭代。

按照同样的逻辑，品牌有 8 天的时间来创建标记为 2 的动作，有 12 天的时间来创建动作 3。这个过程一直持续到消费者旅程结束，在这一点上，它将随着时间的推移而一步步建立，并使用从每次测试中获得的数据进行优化，而不是建立在有偏见的猜测之上。其结果是，你实际上可以更快地建立你的品牌体验，并获得更好的结果。

通过依赖受众参与度以及参与度的改变，你们营销团队的任何偏见都会被消除。也许你会问，消除了什么偏见？下面让我向你展示，偏见在多大程度上推动了营销决策。你可以问问自己，你上一次拿起电话与参与你们营销活动的人交谈，想从他那里知道如何让下一个人的体验更好，是什么时候？

我向来自世界各地的数万名营销人员提出了这个问题，只有不到 1% 的营销人员打过这样的电话。现在想想看，什么样的产品制造商会在生产一款产品时从不询问受众的看法？敏捷式开发允许营销人员过渡到一个由数据构建并通过自动化执行的新世界，而复盘过程是一个关键组成部分。

一些营销人员会找借口为他们缺乏互动辩护。他们说"客户不想跟我们说话"，或者他们觉得客户会屏蔽他们的电话。

当然，并不是每个人都想和你交谈，但也有很多人确实想和你交谈，而且很乐意这样做。为了增加你成功的概率，你要定一个大约 20 个人的名单，你可以打电话给他们，提出一系列快速、简单且具体的问题。就我个人而言，我发现复盘的最佳问题有 3 个。

- 是什么让你这样做的？
- 你的期望是什么？我们满足了你的期望吗？
- 其他品牌有没有带来更好的体验，如果有，具体是哪些品牌？

我发现，如果给 20 个人打电话问这些问题，你会得到大约 6 次对话信息，这些信息足够用来指导你的迭代。这些问题的答案将为你提供所需的见解，以完善你的战略，接触更多的场景中的人，并满足他们当下的需求。一旦你的程序完成了，它大致就可以自己运行了。未来你可能会有数百个程序在整个客户生命周期中运行，这样你就可以只专注于管理程序以及引入不断变化的条件所需的改进。你现在将开始以敏捷化的方式去管理你的程序，使用数据将你的注意力集中在当前需要你关注的体验上，用你的努力为你的品牌带来最大的价值。

使用敏捷式的待办需求来保持专注

现在，一个新的世界已经初见雏形，在这个世界中，你以迭代的步骤构建你的消费者旅程程序，并且把你的日常任务转移到管理和优化数百个自动化程序上。敏捷式开发还有最后一个至关重要的方面：生产单位时间的最高价值。做到这一点的关键是待办需求。

敏捷式开发之所以如此有价值，是因为它能够将团队集中在最重要的短期目标上——测试想法并立即将其纳入洞察。换句话说，敏捷式开发帮助品牌专注于生产现在具有最高价值的体验。由于时间有限，许多好的想法不会被优先考虑，而且很容易（而且经常）被忘记。这就是为什么待办需求是敏捷式开发方法的关键要素。

待办需求是一份实时更新的清单，上面列出营销团队对一个项目可能产生的商业影响的看法。营销团队将关乎业务目标成败的事项放在清单的顶部，将最好能达到的目标放在底部。团队使用开放式讨论和一个叫作"100分练习"的简单方法，来确定一个想法或任务在待办需求中的位置。

100分练习要求团队成员为他们认为对业务目标（不是营销目标，而是整体上的业务目标）影响最大的想法和任务打分。每个团队成员手里都有100分，用于分配给待办需求清单中的任务。根据团队成员认为项目或任务的重要性，每一项都会得到相应的分数。一个被认为会阻挡业务推进的项目可能会得到 30 分，而写一篇新的博客文章可能只会得到 1 分。在每个人都打出分数之后，他们将每一个项目的总分相加，并重新排列优先级，得分最高的项目被放在清单顶部。这样一来，对业务目标影响最大的项目会被首先完成，其他项目依次进行。

待办需求还可以帮助你的团队管理新的工作量，因为它有许多可移动的部分。新的请求被添加到待办需求中，并根据共识确定优先级。因此，处理事项的优先级不是根据请求的时间先后来安排的，只有整个团队认为这样做是对资源的最佳利用时，事项才会被完成。通过这种方式，待办需求让每个团队成员都能更好地利用时间，并给了他们说不的筹码，这就是敏捷式开发的最大好处之一：让团队保持明智状态。你不仅拥有了一种强大的方法来根据业务影响（而不是根据谁的声音最大）对任务进行排名，而且还拥有了一种让团队成员表达他们的目标和成就的方法，这种方法让企业里的其他人都能理解。

待办需求的概念也意味着营销团队的日常运作要采用一种新方式。团队成员要专注于产生最高回报，而不是致力于完成声势最大的项目。消费者旅程得到了跟踪调查，并不断被优化。日常任务也根据潜在影响力得到了分类排序。

* * *

敏捷式开发中最好的部分是什么？我将以我对这个问题的回答来结束这一章。"最大的胜利在于，人们会以一种全新的方式看待自己的工作，"一位未透露姓名的银行从业者表示，"他们现在非常关注我们如何用最少的努力获取最大的价值。"第一资本应该知道，他们下了很大的赌注，将整个营销团队的运营模式转变为敏捷式开发模式，而且没有回头路。

对价值的关注是场景营销的重要组成部分。随着营销在企业中的作用变得越来越大，我们不仅要寻找新的营销想法和工具，还要寻找新的工作方式，以应对不断扩大的任务量。敏捷式开发听起来像是对一个复杂问题的复杂回答，而实际上，就像大多数聪明的想法一样，它是一种简化：以更少的努力为品牌提供更多的价值。

更重要的是，使用敏捷式开发帮我们迈向场景营销革命的最后一步：成为场景化组织。向场景化组织过渡需要的不仅仅是采用场景架构图，它还需要重新配置商业模式和营销在其中的角色、新的执行领导层，以及报告营销价值的新方式。这些变化并不小，这就是为什么理解如何通过敏捷式开发去测试和证明结果是至关重要的。现在，既然你已经充分了解了我们为什么需要场景以及如何执行场景，那么让我们向最后一步出发，看看高效能营销组织如何围绕一种新的营销理念，即场景营销，来重新调整它们的业务，并完成向现代品牌的过渡。

第 13 章
场景营销革命的新商业模式

打造—营销—销售,自工业革命以来,一直是标准程序,即将营销的角色局限在介绍产品的商业模式中,营销仅仅充当生产和销售之间的中介。这种模式在有限媒体时代占据主导地位,但实际上现在还有人继续遵循这种模式,即使这对他们不利。

我们以梅赛德斯-奔驰为例。这家拥有 90 多年历史的公司是世界顶级奢侈品牌之一,它采用的是打造—营销—销售的运营模式,并将重点放在大手笔的广告上。而成立仅 13 年的特斯拉的销量已经超过了梅赛德斯-奔驰的销量,成为 2018 年销量第一的豪华车。事实上,特斯拉是场景营销革命的典范。它的商业模式诞生于无限媒体时代:营销存在于业务的各个环节之中——从选择展厅的位置到预订试驾,到购买车辆,再到累积数千名口碑传播者资助下一款特斯拉汽车的设计。特斯拉营销—销售—打造—营销的商业模式是我认为完美的场景营销模式。

我在本章将进一步探讨特斯拉与梅赛德斯-奔驰的营销模式。然后，我将描述一个新的高级管理人员的角色，如果品牌希望无缝地执行体验并采用这种革新的营销理念，它们将需要这个角色。然后，我们将看看如何评估你的场景营销努力，如何在产品售后继续这些努力，以及如何在组织团队中获得场景营销的支持。

特斯拉：消费者旅程中的场景营销

如果把梅赛德斯-奔驰和特斯拉放在一起比较，那么谁的市场份额大，谁就胜出了。梅赛德斯-奔驰专注于投放大众广告，而特斯拉则在整个消费者旅程中加倍关注场景，以推动其增长。

特斯拉的营销始于消费者旅程的构思阶段。众所周知，特斯拉聚焦在一个人类共同的目标上：让世界摆脱化石燃料。它关注如何通过激进的创新实现可持续的生活，而不仅仅关注电动汽车，这是特斯拉品牌战略的核心。大多数关于特斯拉的文章都展示了它不同寻常的商业战略和非传统的选择，比如发射火箭，把一辆特斯拉汽车送入太空（这家公司的创始人还拥有一家太空探索企业）。而梅赛德斯-奔驰只关注汽车。这一关键差异解释了为什么截至 2018 年，特斯拉在 CNN 网站上被提及超过 2.3 万次。相比之下，梅赛德斯-奔驰在同一频道上被提及的次数仅为 5 000 次。尽管特斯拉登上的大部分新闻都是关于电动汽车以外的话题的，但其强大的价值观已经溢出到产品相关的对话上。目前，特斯拉在电动汽车领域的市场份额最大，达到 22%，而梅赛德斯-奔驰以 5% 的份额排名第八。[1]

除了构思阶段，特斯拉还掌握了消费者旅程其他阶段的场景。在考虑阶段，它占领了与电动汽车相关的每一个主要搜索词的结果。《美国新闻与世界报道》的一篇文章统计了最近搜索"最佳电动汽车"的结果，里面包括 8 款最佳电动汽车，其中两款车来自特斯拉，Model 3 赫然在列。[2] 而其他电动汽车厂商在文章中被提及的次数都未超过 1 次。

在购买阶段，特斯拉用一种体验取代了与销售人员谈判那令人畏惧且耗时的过程，营销网站 Channel Net 的作者葆拉·汤普金斯（Paula Tompkins）把这一体验描述为"赋权"，她只需要在网站上安排自己的试驾时间，几秒钟内就会收到一条确认预约的短信。紧接着，她会收到一封带有 MyTesla.

com 链接的邮件。MyTesla.com 是一个个性化的页面，她可以在上面配置自己的汽车，并自主深入了解她关心的细节。一名销售主管（而不是销售人员）会与汤普金斯对接，帮助她权衡各种选择，并进一步引导她对汽车产生更深入的了解。那次对话最终直接影响了她的选择，她确定了全时四轮驱动汽车不适合她。[3]

特斯拉在成为客户阶段的场景化效果可能是最令人印象深刻的。特斯拉提供全天候的技术支持，而且会在保养周期临近时主动提醒车主。一段时间后，特斯拉会向车主介绍其口碑传播计划，将车主转变为口碑传播者，该计划为特斯拉车主和因推荐而购买汽车的朋友分别提供 1 000 美元的现金激励。据《个人电脑杂志》（美国著名的 IT 杂志）报道，一位名为"Wei 70644"的头部号博主介绍，在他的推荐下，有 188 人购买了特斯拉汽车，他仅凭一己之力就为特斯拉带来了约 1 600 万美元的销售额，他得到的奖金约为 13.5 万美元。[4] 这是一种强大的收入驱动力，所有这些阶段加在一起，塑造了一种相互关联的、场景化的品牌体验。

将梅赛德斯-奔驰的打造—营销—销售模式与特斯拉使用的场景营销模式（营销—销售—打造—营销）进行比较是很有启发性的。2016 年 5 月，当特斯拉开始接受中等价位 Model 3

的订单时，24 小时内有超过 20 万名客户（甚至在实体产品出现之前）支付了预订押金，特斯拉在全球范围内获得了超过 100 亿美元的预售收入。在美国国内，特斯拉 Model 3 预售了 27 万辆，是同年美国所有梅赛德斯-奔驰 C 级汽车（不仅仅是电动汽车）总销量的 3 倍。更重要的是，特斯拉在没有大规模投放广告，甚至没有一句标语的情况下，就获得了如此巨大的营销成功。毫无疑问，这是一项令人印象深刻的成就，但更令人印象深刻的是，一辆 Model 3 的平均广告成本为 6.5 美元，而一辆梅赛德斯-奔驰汽车的平均广告成本为 926 美元。[5]

无限媒体时代推动企业采用这样一种运营模式：围绕创造场景化体验来重新调整业务。特斯拉只是其中一个例子，但它证明了这样做的力量。它没有必要打广告，因为场景营销本身就是特斯拉广告经营业务的一部分：只有当消费者已经有兴趣花时间通过更高的价值观目标与品牌建立联系时，企业才能在他们所在的地方与其接触。

你可能会想到，因为无限媒体时代的开启，特斯拉获得了成功，从白手起家到占据庞大的市场份额。那么，如果你的公司已经在近一个世纪的有限媒体时代中积重难返，如果不是像梅赛德斯-奔驰那样存续接近一个世纪，你该怎么办？任何一个企业如何才能在不陷入混乱的情况下实现这样的转型？我在整本书中试图阐明，这样的转变不仅是可能的，而且对于企业生存也是必要的。拥有一名首席体验官将有助于实现这一目标。

首席体验官：引领整个企业的客户体验

基于场景的营销需要一名新的高管，他的业务范围将远远超出传统营销，并且需要深入所有部门。此人就是首席体验官，他的主要任务是确保客户的场景（片刻间的体验）可以推动你的公司在消费者旅程的每个阶段采取的每一项行动。

这个角色并不是一个新概念，因为它最早是在1999年出版的《体验经济》一书中提出的，但现在首席体验官在市场上获得了很大的吸引力。世界各地的场景化品牌都在向这一方向转变——承认营销是业务的主要经济驱动力，并将首席体验官放在高管之列。2017年，世界上历史最悠久、规模最大的广告与传播集团之一阳狮集团（Publicis）聘请了一名首席体验官，2018年，美国知名休闲服饰品牌J.Crew聘请了长期担任星巴克高管的亚当·布罗特曼（Adam Brotman）担任首席体验官，他成为仅次于公司首席执行官吉姆·布雷特（Jim Brett）的二把手。各行各业里类似的任命名单正在增加，同时企业高管的角色和职责也发生了显著变化。

对许多品牌来说，这种转变可能已经开始了。以摩托罗拉为例，2013年，爱德华多·康拉多（Eduardo Conrado）从首席营销官一职升任营销和IT高级副总裁。正如康拉多在接受《广告时代》采访时所说："我们的观点是，技术越来越成为商业的推动者……随着越来越多的公司变得以客户为中心，IT部门也应该加强公司的客户参与度……首席营销官一直在技术战略方面下功夫。这是很自然的搭配。"[6] 2015年，摩托罗拉进一步将客户体验纳入康拉多的管理之下，扩大了他的业务范围。虽然康拉多的头衔不是首席体验官，而是首席战略和创新办公室执行副总裁，但在他的领英个人资料中，他将自己的职责描述为"管理公司以增长为重点的战略，加快公司产品、服务和软件的创新，并将以设计为中心的方法引入商业模式和客户体验创新"。

首席体验官（或职责相同的其他任何称呼）必须是所有场景工作的负责人，包括技术（场景化平台），并且必须确保领导层都积极为消费者旅程战略做出贡献。担任这一角色的人完全可以说是一名协作大师，并且专注于体验。只有当业务团队之间的依赖性高于以往水平时，场景化平台中相互连接的技术才会发挥作用。而这种合作需要高管起到强有力的模范作用。

事实上，根据 Salesforce 的研究，高效能组织在整个客户生命周期中的协作能力是低效能组织的 17 倍。[7]

随着组织结构发生变化，首席体验官管理下的其他职位承担了新的职能。首席营销官转变为更具创造性的角色，负责品牌发声，更像是传统的艺术总监或创意总监。首席信息官从管理内部网络转变为管理用于获取和共享驱动场景化平台数据的托管系统网络。首席体验官和首席信息官密切合作，确保支持品牌体验的技术以尽可能快的速度发展，并符合政府法规。正如澳大利亚 ME 银行的首席体验官英格丽德·珀塞尔（Ingrid Purcell）所说，她的角色是"创造力、以客户为中心和技术的完美结合"。[8]

拥有一名能够在所有部门之间搭建桥梁的新高管去创造场景化客户体验之后，品牌必须迈出下一步：证明这些努力是值得的。

场景营销：价值几何？

长期以来，营销部门一直在努力证明自己工作的价值。品牌体验和最终结果之间的距离让任何证明价值的指标充其量都是主观的。由于缺乏客观衡量方法，营销人员很难在全球组织中获得更高的地位。毫无疑问，这也是营销主管任期较短的原因。

当领英的数据科学团队和我查看了 1 500 万个调查受雇生命周期的数据点时，我们得出了一个令人震惊的发现。在所有垂直商业领域，营销专业人员的平均任期是商界所有职位中最短的：只有 2.6 年。这比仓鼠的寿命还短！幸运的是，随着无限媒体时代的来临，一切都发生了变化，营销人员向企业证明其价值不断增加的方式也发生了变化。接下来，让我们首先来看一种展示营销价值的新方法。

各地的企业都认为，投资回报率（ROI）证明了任何东西的价值和有效性，无论是渠道、策略还是行动，但这种方法并不能用来评价营销。营销科学研究所前所长、加州大学洛杉矶分校安德森管理学院教授多米尼克·汉森斯（Dominique Hanssens）研究了这一问题：营销对企业绩效的短期和长期影响是什么？汉森斯和我已经对这个话题进行了大量的讨论，我们坚信仅用投资回报率和归因法并不足以评估营销活动。

首先，资本支出和百分比回报率基于以年为单位的时间架构。然而，营销结果并不是按年计算的，甚至其回报率也不是有限的。我们今天对营销活动的投资可能在一段时间内无法获得回报，但这并不意味着这些投资是不明智的，也不意味着它们没有为公司创造最高价值。它们只是不能按年度去跟踪测量。

其次，在许多情况下，营销回报不是财务上的回报。因此，我们使用财务指标来衡量与财务结果无关的成果，二者不匹配。我们以电子邮件的投资回报率为例。创建或发送电子邮件几乎没有成本，很多时候，电子邮件参与和实际的购买过程相距甚远，但我们使用投资回报率来体现这一努力的价值。

汉森斯又指出用投资回报率来评估的另一个主要缺陷：它不是线性回报。如果你第一笔投资了100美元，获得了25%的投资回报率，那么在第二笔投资中，你不太可能会收到同样的结果。因此，第一笔投资100美元，得到25%的投资回报率，并不能保证第二笔投资也得到25%的回报率。实际上，你可能需要投资110美元或200美元才能获得与上一次相同的25%的投资回报率。因此，如果将投资回报率用作投资参考，可能会导致对营销计划的投资不足。

最重要的是，投资回报率只是对我们过去所做工作的数字表示，它对我们如何改善未来的结果没有任何指导意义。然而，尽管投资回报率在展示营销价值方面存在诸多问题，但它仍然是企业衡量营销价值的首要方法。

归因和影响报告中出现了一种对投资回报率的改良使用方

法（但仍有缺陷）。这种方法认为，投资回报率不应与所有营销接触或行动挂钩，而应仅与那些影响消费者决策的行动挂钩；或者，在归因方面，仅与对消费者决策影响最大的行动挂钩。根据这种投资回报率理论，归因和影响可以通过以下三种方式之一来计算。

- 首次触点归因，将第一次接触潜在客户的营销活动看作最具影响力的营销接触，应获得最多的功劳。
- 相等归因，将收入平均分配给所有接触客户的营销活动。
- 末次触点归因，将功劳归因于一个人在转变为客户之前与品牌互动的最后一次营销活动。

这些计算背后的假设都比基本的投资回报率更优。然而，它们仍然有缺陷，原因在于，它们没有考虑到完整的体验，并且仍然没有显示出任何实际价值，因为它们仍然假设投资回报率是一个价值指标。为了给你一些清晰的例子来说明这些报告方法的缺陷，我花了一些时间与安永会计师事务所前数字分析主管加里·安吉尔（Gary Angel）交谈。为了帮助你更好地理解这些所谓的改良方法的错误逻辑，我们想出了以下例子。

说法：我们的网站流量增加了！

- 评估类型 1——首次触点归因：我们公司名称的搜索量上升，因此我们的品牌知名度正在提升。
- 评估类型 2——相等归因：我们在 SEO 方面的投资拥有正投资回报率。
- 评估类型 3——末次触点归因：最后一个广告太棒了！我们要做更多的广告！
- 更有可能的解释：我们有更多的访问者需要得到客户支持，因为我们最新发布的版本很糟糕。（如果你使用投资回报率来评估营销工作，而没有看到整体情况的话，这通常会导致错误的结论。）

请注意，营销的第一个动作与流量增加无关，尽管这是企业为吸引客户而采取的首次接触。相等归因认为每件事都对结果有利，而末次触点归因则专注于上一次活动对增加流量的影响，并建立了关联——但事实上没有关联。如果用投资回报率计算，我们会看不到更大的趋势，因此依赖投资回报率只会导致我们做出基于糟糕假设的决策。让我们来看看另一个例子。

说法：我们的在线订单增加了！

- 评估类型 1——首次触点归因：两年前发出的一张直邮传单现在正在产生巨额红利。
- 评估类型 2——相等归因：我们所有的营销都很棒，保持下去！
- 评估类型 3——末次触点归因：最后一封电子邮件带来的投资回报率至关重要。发送更多电子邮件！
- 更有可能的解释：线下客户正在转移到线上，但他们在我们这里花的钱比过去少了。

让我再说一次，营销的第一个动作与结果无关，尽管这是首次接触。相等归因认为每件事都会让结果受益，而末次触点归因提出这与电子邮件之间存在关联——但实际上没有。如果用投资回报率计算，我们会看不到更大的趋势，因此依赖投资回报率只会导致我们做出基于糟糕假设的决策。

随着无限媒体时代的到来，营销人员开始向以消费者旅程为中心的战略转变，他们必须扩展他们的价值理念，而不仅仅关注营销活动的绩效。他们需要清楚地展示整个消费者旅程的健康状况，以及个人在整个消费者旅程中移动的速度和效率。由于营销人员现在是每个品牌体验的总负责人，我们需要从头到尾地跟踪体验，并展示我们是如何影响它的。最重要的是，我们需要证明我们的努力如何影响总收入。

要在单一视域中看清客户体验的全貌并跟踪场景营销对其产生的影响，唯一的方法是使用一种新的报告方法：加权流程模型。也就是说，你要放弃投资回报率的旧观念，接受这一新的整体预测性测量指标。通过在单个模型中查看整个消费者旅程，营销人员可以展示许多价值指标，例如，（1）净新需求，（2）未来需求，（3）营销如何影响整个消费者旅程中的客户动机，（4）通过减少客户流失来增加现有收入，（5）增加品牌知名度。

企业将逐步提升营销在管理高层中的地位，并使其成为主要的商业驱动力。因此，我们必须能够以一种可以在资产负债表上跟踪和报告的方式来评估我们的工作，这就是加权流程。这是投资回报率无法做到的。

利用加权流程模型评估价值

公司的高管并不关心电子邮件打开率是否上升，他们只想知道这些成果对业务的影响。加权流程报告是一种报告模型，它可以衡量成功的营销在引入新业务和留住现有客户方面的全部价值。它是一种全面、客观的方法，已经被许多企业采用，主要是在销售部门。（风险投资公司用它来确定企业估值，上市公司用它来报告未来的增长情况）。既然你的场景营销方法是在一个自动化平台上运行的，并且能够跟踪与品牌相关的所有消费者旅程中的接触点，那么你就可以使用加权流程模型来展示营销的真正价值。

加权流程模型的工作原理如下。加权流程模型考察了你的品牌受众中的每个成员，以及每个成员在未来某个时间点转化为收入的可能性，甚至包括收入多少。它将历史业务数据与你的场景化平台搜集的实时个人数据相结合，来做出这些决策，因此非常准确。它也是全方位的，它考虑了所有的行动，甚至我们无法控制的未知因素，比如口碑。毕竟，推动一个人购买的不是单一的体验，而是多种体验的集合。通过观察这些体验的集合如何将个人带入不同的阶段，你可以看到你所有的营销努力是如何协同工作的。但是，加权流程也考虑了你的营销努力的影响，但你不一定能看到，因为你看的不是某一行动，而是单纯的结果。加权流程的结果也是指令性的，它们向你显示你的消费者旅程在哪里中断，所以你可以修复它们，并证明指令性行动实际上是有效的。

让我们来看一下转换成场景营销术语的加权流程模型，它分为4个部分：流量、速度、效率和概率。

- **流量**。流量是指在任何时间点上，处于消费者旅程的某一阶段的人数。你将得到总流量，以及每个阶段的流量。为了测量一定的流量，你需要一个容器。根据工具的连接方式来划分，这可能是营销工具，也可能是客户关系管理工具。消费者旅程的每个阶段都应该被定义为一段时间，在这段时间内，发生了一系列特定的问题或行动。在B2C环境中，阶段可以根据客户类型或客户画像进行分类，如初次购买者、重复购买者、口碑传播者等。所有这些细分会让我们对平均总订单规模和整个购买周期的平均长度有很好的了解。
- **速度**。销售速度是衡量潜在客户在消费者旅程中移动速度的指标。同样，你既有每个阶段的速度，也有整体的速度。速度回答了"完整的客户体验是否正在推动此人朝着积极的方向前进"这个问题。如果是，速度有多快？如果我们知道，从最初的构思阶段的触点到完成交易需要一定的时间（比如说45天），我们就可以用它来准确预测未来的结果。它还可以展示营销的新价值：缩短销售周期。例如，如果未来营销人员查看报告，发现现在完成一次消费者旅程的平均时间是 30 天，那么营销部门可以说，他们将销售周期缩短了约 33%。如果营销部门的场景营销努力能够加快这一进程，它们每年就会创造更多的销售周期——这一价值现在是营销人员可以衡量的。

- **效率**。加权流程不仅衡量了人们从一个阶段移动到另一个阶段的速度，还衡量了他们在流程中的移动效率。如果你有一条只包含三个阶段的流程，你把每个阶段的效率提高 1%，那么总产出就增加了 28%。也就是说，只需将每个阶段的效率提高 1%，总收入就会增加 28%。还应该注意的是，这一增长并不会像传统营销那样到达一个峰值，然后迅速恢复到以前的低点，而是一种可持续的增长，将持续到未来。

- **概率**。概率衡量的是潜在客户转化为收入的可能性。效率和概率都可以衡量你的需求模型的有效性，但二者采用的是不同的方法。各阶段之间的效率是一种强有力的方式，让你展示特定程序或努力的价值，而概率则是从收入的角度看它与更大的消费者旅程之间的联系，即你的上司关心的"数字"。当营销人员能够衡量潜在客户在消费者旅程中每个阶段的移动速度和其成为客户的平均概率时，收入结果就变得非常可预测，而投资回报率是无法做到这样的。

如何创建加权流程模型和报告

加权流程模型就像一张资产负债表，你通过它可以看到目前消费者旅程的概况。这一概况提供了对收入流变化的洞察。下表是在消费者旅程所有阶段计算加权流程的简单示例（见表13-1）。你可以看到每个阶段的总人数（流量），潜在客户在每个阶段停留的平均时间，他们在各个阶段移动的速度，你的工作如何将这些人高效地从一个阶段转移到另一个阶段，以及在各个阶段，潜在客户成为客户的可能性。

收入指标取自你的销售团队，在本例中，平均订单规模为10 000美元。请注意，当计算一个潜在客户从成为客户阶段移动到口碑传播阶段的加权流程时，你需要考虑口碑传播者更高的平均购买量。在下面的例子中，我把这一数量设成20 000美元。还要注意，加权流程在成为客户阶段就结束了。这是因为在衡量营销活动对口碑传播阶段的影响时，客户生命周期价值是更好的衡量指标（见下一节）。

表 13-1　利用加权流程衡量总需求

阶段	流量	速度	效率	概率	加权值
构思	100 人	5 天	70%	10%	（100 × 10%）× $10 000
认知	70 人	9 天	77%	14%	（70 × 14%）× $10 000
考虑	54 人	10 天	20%	20%	（54 × 20%）× $10 000
购买	21 人	30 天	50%	50%	（21 × 50%）× $10 000
净新增流程总计	290 人	54 天	净新增流程价值		$411 000
成为客户	200 人	75 天	10%	10%	（200 × 10%）× $20 000
口碑传播流程总计					$400 000

正如资产负债表打开了新指标的大门（如债务权益比、存货周转率和应收账款平均账龄），加权流程模型成为许多新营销报告的基础。营销部门可以通过将各个阶段的（流量 × 概率）数据相加，在收入数字中显示未来的总需求为 411 000 美元。这一"流程总计"指标允许营销人员将其全部努力直接转化为一个单一的收入数字。跟踪这一数字的变化会很容易将营销努力转化为实际的商业价值。

加权流程模型还会跟踪完成消费者旅程的总时间，这样一来，营销人员不仅能够跟踪并显示其对消费者动机的影响，还能够跟踪完整的消费者旅程。最后，新的报告（如根据各个阶段的速度和效率得出的报告）可以用来展示投入细粒度努力的价值，同时突出消费者旅程中的具体问题。

由于使用了加权流程模型，你会得到一些新的报告，你和你的执行团队将选择在董事会会议上分享这些报告。然而，既然营销是一系列相互关联的体验，我们的报告必须能够展示它们的综合效果，并将这些努力转化为我们的高管关注的数字——收入。加权流程模型提供了展示营销整体价值的最佳方式。

售后营销：客户生命周期价值回报

加权流程模型衡量的是消费者旅程中每个阶段的当前需求，而客户生命周期价值衡量的是你的努力如何通过延长合同时间和增加每笔交易的金额来创造更多收入。在跟踪客户生命周期价值时，你需要关注三件事：留存期、流失率和平均订单规模。在成为客户阶段，留存期标志着客户或口碑传播者身为付费客户的时间，而流失率是指每年离开的客户的平均百分比。口碑传播者需要套用更新的年度合同价值（ACV），因为他们通常比普通客户消费更多。与我在上一个表中所述相同，我在这里设定 20 000 美元作为口碑传播者的支出（见表 13-2）。

表 13-2 用加权流程衡量客户生命周期价值

阶段	留存期	流失率	加权客户生命周期价值
成为客户	455 天	5%	$10 000 ×（455/365）×（1-5%）
客户的生命周期价值			$11 842
口碑传播	1 200 天	2%	$20 000 ×（1 200/365）×（1-2%）
口碑传播者的生命周期价值			$64 438

对客户生命周期价值的计算使你能够报告每个客户的平均价值，以及你是如何获得增加的价值的，是因为他们花了更多的钱，还是停留的时间更长，或者你留住了更多的客户？加权流程模型将为你回答这些问题，同时展示你利用营销方法从客户和口碑传播者那里获得更多利润的工作做得怎么样。

除了提供更好的衡量标准外，加权流程模型也是一个指南。当营销部门使用加权流程时，模型中的每个数字都会成为一个信号，提醒团队注意消费者旅程中出现了什么问题，重点要放在哪里，以及哪些行动将使营销效率最高。通过将敏捷式开发与加权流程报告相结合，品牌现在就可以知道应该将重点放在哪里，从而在单位时间内为企业提供最高价值了。

尽管报告功能强大，但要完全过渡到场景营销，你还需要再迈出一步：获得其他部门的认可。场景营销人员创造的许多项目远远超出了营销的传统范围。客户引导程序会影响产品团队，新的销售培育计划会影响销售流程，自动化支持跟进会影响服务团队。每个团队和部门都必须参与这一过程，才能保证取得最后的成功。与其强迫式地去做，你不妨继续往下读，了解如何确保在整个组织中顺利过渡到合作的方法。

让组织内的其他团队支持场景营销

既然营销部门负责所有接触点的客户体验，那么营销团队就必须与许多新的团队（从销售部门到生产部门）合作。营销部门能否与其他团队一起建立品牌体验，获取信任与支持，对于你能否取得成功至关重要。一旦你获得了这些团队的信任，并让人们参与这个过程，结果就会得到显著改善。

在你将要与之共事的所有团队中，销售团队通常是最具挑战性的。但如果你学会与他们一起建立更好的体验，而不仅仅是为他们建立体验，你就会获得一个坚实的基础，并且将这一成功经验带到和其他团队以及部门的合作当中去。

你如果想要获得销售团队的信任，首先要认识到，销售人员知道你的客户进行购买的许多细节，而这些可能是你不知道的。销售是一种需要高超技巧的工作，而销售团队通常是由一群自信的人组成的。他们之所以能成为数一数二的销售人员，一定都有两把刷子。销售是一个可重复的流程，而这些数一数二的销售人员已经建立了一个很好的流程。你的程序应该遵循这个流程。如果你想多此一举、横插一脚，那么营销努力将在消费者旅程中最重要的阶段——购买阶段受阻。

所以，我建议你找到最好的销售人员，也许是两个，和他们预约时间，询问他们的工作流程，了解他们如何识别拒绝理由，会发送哪些电子邮件以及何时发送。大多数优秀的销售人员手上都有好几个版本的电子邮件，他们会不断地提炼语句，精准传达。他们还可能将这些文件全部保存在一个文档中，以便于复制和粘贴。想办法拿到这些电子邮件！用这些作为你的电子邮件内容，并且尽量"按原样"使用它们。即使销售人员不懂遣词造句也没关系，重要的是销售人员对它们有信心。这里的关键（至少在一开始）是模仿那些销售人员所做的事情。这不仅会帮助你做得更好，而且会赢得销售团队的信任，让他们成为你努力的合作伙伴。

接下来，找出销售团队遇到的客户和潜在客户最常见的拒绝理由。这些拒绝理由将告诉你首先应该构建哪些自动化程序，以触发客户在他们的消费者旅程中向前迈出下一步。构建的程序仅针对如下这些常见的拒绝理由。

- 我现在还不想买，60天后再给我打电话吧。
- 我还没来得及仔细看。
- 我已经在考虑一个有竞争力的竞品了。

接下来，询问销售人员他们是如何处理此类拒绝理由的。他们的回答将成为你的黄金助攻，因为优秀的销售人员通常遵循某种类型的定时流程。当我在销售部门工作的时候，我们把这叫作变奏。我的节奏是2-2-12。当我得到新的潜在客户时，我就会打电话过去，并在语音信箱中留言。接着，我会等两天再打电话，但不会语音留言，也不发电子邮件。然后，我会在两天后再次打电话留言并发送一封电子邮件。再之后，我会等上12天，然后从头再做一遍。这些节奏将成为指导你设计自动化程序的定时策略。

通过模仿最好的销售人员，你还可以让销售团队的其他成员加入你的场景营销计划。如果你嫌这项工作很麻烦，想跳过去，销售团队可能就不会和你合作，你的场景营销也就永远不会开始。

你要对每个需要企业内其他团队参与的项目使用相同的流程：你的支持团队、客户服务管理团队和你的产品团队都拥有很多你需要整合的智慧，他们可以帮助你创建和管理你那些了不起的品牌体验。你要向这些团队请教,让他们参与进来,学会与他们合作。他们拥有很多对你的成功至关重要的具体知识。通过共同努力,你们会大获成功。

* * *

要想成为场景营销企业,你需要进行的变革不简单,也不是小打小闹。场景营销革命需要新的执行团队成员、新的工作方法、新的商业模式,甚至新的报告方式。对整个企业来说,这将是一系列大量的变革,而不仅仅限于营销层面。要推动这一变革,企业的首席执行官必须加入进来。你要记住,高效能营销组织的首要特征就是它们对营销概念的更新获得了高管的完全认同。你现在已经知道了什么是场景营销,以及如何实施场景营销。在下一章,也就是本书的最后一章中,我将向你介绍做出必要变革的第一步,以及你必须从哪里开始:获得高管的认同。

第 14 章

第一步和最后一步

我在本书中提到,场景营销是营销、品牌和你的企业的未来。但这些不是简单的迭代。现实情况是,开展我们在这里探索的任何变革都需要花费时间和做出大量的工作。最重要的是,人们需要管理层的全力支持,以下是第一步:向高管团队证明场景营销是正确的前进方向。

获得管理层的认同

改变并不容易,让管理层放弃推动需求的传统方法,转而接受一种全新的方法,这不是一件小事。在企业中,管理层往往是最难被说服的人。如何才能改变他们的想法呢,特别是当你的新想法将改变业务结构的时候?要说服管理层接受重大变革的想法，方法只有两种：（1）请一位咨询顾问或德高望重的同行（在公司外）提出变革的理由，（2）管理层被内部测试说服。

聘用咨询顾问就是一场赌博。他们人数不少，但出类拔萃的很少。所以，如果你走的是这条路，你就要做好功课。2013年，《大西洋月刊》报道称，全美国共有181 345名社交媒体专家（今天肯定还有更多）。[1]我自己对这份名单进行了调研，名单中的许多人并没有接受过正规教育，或拥有任一形式的实操技能。我查看了他们在领英上的个人资料，可以推断，即使那些拥有实操专业技能的人也倾向于坚持自己的信念，而不是随着时间的推移而做出改变。如果他们真的变化了，那也通常只是一个迭代，很少有咨询顾问会放弃他们的看家本事来换取一些新鲜的东西。这对他们的生意来说风险太大了，所以要慎之又慎。

另一种获得支持的方法是请你的首席执行官核心圈子里的某个人为你辩护。但你不太可能接触到这样的人。然而，你有这本书。我还发现，许多首席执行官都是求知若渴的读者，他们可以被一本书中有力的、逻辑严谨的论点说服。这也是我写这本书的主要原因之一——帮助提供"外部声音"，这可能会让人们支持这些看似激进的想法。

但也许更有说服力的是，你的团队可以尝试使用敏捷式开发来创建最低可行的体验，正如第12章对敏捷式开发过程的讨论中所说的那样。你可以从小处着手，反复迭代，在你取得成功后，把结果和这本书一起给你的首席执行官看看。用内部数据支撑你的想法总是会得到管理层的更多关注。

获得管理层的支持还意味着，你要能为执行场景营销计划所需的预算做出解释。Salesforce 发布的《2016 年营销状况报告》发现，高效能组织正在增加它们在各个类别中的营销预算。传统营销支出，数字营销支出，营销咨询、营销技术和营销员工人数的增长率最低为 39%，最高可达 70%。[2] 以最低的投资水平来计算，如果以每年 39% 的速度增长，那么预算将在 1.8 年内翻一番。

当然，大幅增加资金不太可能一下子实现。通常情况下，这是一个循序渐进的过程，资金会随着经过验证的结果数量的增加而增加。为了加速这种增长，你可以采用我所说的弹性预算。

弹性预算

弹性预算说起来很简单：当你有一个想法需要验证时，你可以拿到一小笔资金，用于创建一个案例研究。获得这种预算的诀窍有两个：首先，对话必须在你需要用钱之前进行；其次，必须有明确的规则来获取资金。下面让我们分别来看看这两个限定特征。

首先，在你需要用到资金之前，你必须与你的老板进行对话，因为你的弹性预算的运作方式很像银行的信贷额度。它是事先协商的，然后搁置在一边，只有在满足一组特定标准时你才能访问。

当讨论制订一笔弹性预算时，它可以被当作一种投资。如果你能证明你希望进行的工作具有可以确定的高价值，那么公司就可以在合适的时间给投资加码。在设定交易条款时，你必须定义决定成功与否的价值是什么。价值可以通过多种方式来衡量，例如增加潜在客户数量、注册数量，提高总参与度或实现流程改进。弹性是你必须提高所选值指标的增量。

例如，如果你衡量的价值是网络研讨会的注册数量，而你的弹性数字是50%，那么你必须推动的网络研讨会的注册人数要比你当前的目标增加50%。因此，如果你之前的目标是有300人注册，但实际上注册人数达到了450人，那么你就可以申请一笔额外的弹性预算，然后用它构建场景以实现你的弹性目标。

其次，你要牢记获得弹性预算的标准，这样你就可以将它与初步的基金提案一起交给你的老板。你们（也许只有你的老板)将定义最终的标准,你的问题可能会得到一个答案:一次可以获得多少预算?预先支取一部分——而不是在你第一次成功后支取全部——能更好地让领导层和企业的其他合作伙伴接受测试和分配预算的想法。一旦你的想法被证明是对的,你就可以在这些方法上加倍努力了。只支取一部分也可以让弹性预算被多次使用。

有了资金之后,你就能够测试你创造的场景化品牌体验的新想法,并逐一证明它们的价值了。这将使你的预算从你目前的起点增长到所需的水平,在每一步的过程中,你都要向执行领导层和任何怀疑者证明你的方法。

关于场景营销革命的最后一个思考

我们来回顾一下,让管理层支持场景营销过程是至关重要的,如果没有他们的支持,你就得不到内部的支持去超越你的旧观念,也得不到预算来执行连续的体验。更重要的是,你会被旧的报告方法拖累。可以肯定的是,场景营销对企业来说不是一个小的转变。但关乎如今品牌的生死,这是没有商量余地的。证据就在我们身边,遍布全球各个角落、形形色色、或大或小的品牌已经拥抱了各种场景化客户体验,这就是无限媒体时代的营销。

但是，如果你不能让你的管理层团队加入，怎么办？这是很有可能发生的，我想就这一非常私人的问题与读者们谈谈：当考虑你的职业生涯时，你必须牢记你的未来和你现在的雇主在其中扮演的角色。如果你无法说服你的领导、团队或品牌继续前进，你就需要考虑一下，你所在公司的市场份额是会保持增长，还是会不可避免地落后。记住，并不是所有的品牌都能生存下来。一个不想改变的品牌是没有前景的，把自己绑在一艘下沉的船上对你没有好处，不如跳槽到那些愿意接受变革的公司。

与此同时，你可以想想这一点：历史上偶尔会出现一个彻底变革、颠覆一切的时期，当我们回顾这些时期时，我们把它们称为"西部拓荒"或"黄金时代"。营销人常会回忆起品牌和大众广告席卷全球并创造了广告人崛起的时代（50年后，电视连续剧开始记录这段历史）。而当我们身处其中时，我们很难察觉这是一段如此充满魅力的时期。此处是重点：我们现在也正处于这样一个时期。

也许如此激进的时代很难被界定，因为我们继续试图通过我们先前的想法来解释这些变化。今天，有限媒体时代的思维让我们只关注到特斯拉的埃隆·马斯克或特斯拉汽车的技术和设计，而未认识到特斯拉对场景的深刻、内在的理解，以及作为业务主要驱动力的无可挑剔的营销执行。我们往往会将特斯拉、爱彼迎等突破性品牌获得成功的原因归于出色的产品创意。是的，这些想法是激进的，它们的产品也是革命性的，但如果没有成功的执行，想法只能是空谈。

场景营销就是关于这些品牌如何成长、如何让自己的营销理念站稳脚跟的。我们称其为一场革命并不为过。它是激进的，因为它是符合我们时代要求的，它也是革命性的，因为它在一个新的基础上运作。场景是品牌必须接受的营销新理念，否则品牌就会慢慢掉队。但另一方面，想到我们现在的工作可以产生的影响，这真令人兴奋。在各行各业中，无论是营利性的还是非营利性的机构——教育、消费品、医疗保健、金融服务、汽车、软件等，同样的故事都可以成立：一个品牌如果能够理解无限媒体时代的重要性并看到环境的力量，它不仅会取得成功，还将主宰全球市场。

场景营销并不是一个营销技巧，也不是旧观念的进化。这是一场革命，在媒体最大力量的推动下，从根本上重置了我们的商业思考和业务执行方式。马歇尔·麦克卢汉 50 年前就说对了：媒介即信息。信息是响亮而明确的：场景是我们必须使用的革命性力量，它能够冲破无限的噪声，激励现代客户，并推动企业增长。

注　释

前　言　为何说"场景为王"

1. Zack Bloom, "The History of Email," Cloudflare Blog, September 23, 2017, https:// blog.cloudflare.com/the-history-of-email/.
2. Salesforce 发布的《2016 年营销状况报告》《2017 年营销状况报告》《2018 年营销状况报告》《2019 年营销状况报告》调查的企业总数。
3. 我们的研究历时 4 年（2014—2018 年），采用了盲测调查。我们向公司询问了几十个问题，包括它们使用了哪些营销工具和策略，以及它们在公司各部门之间的运作情况如何。
4. Lori Wizdo, Caroline Roberts, Jacob Milender, Alexander Bullock, and Kara Hatig, "L2RM Practitioners Realize Performance Gains, but Significant Headroom Remains," https://www.forrester.com/report/L2RM+Practitioners+Realize+Performance+Gains+But+Significant+Headroom+Remains/-/E-RES141033.
5. Megan Brenan, "Nurses Again Outpace Other Professions for Honesty, Ethics," Gallup, December 20, 2018, https://news.gallup.com/poll/245597/nurses-again-outpace-professions-honesty-ethics.aspx.

6. Claudia Assis, "Tesla: Model 3 'Had Biggest One-Week Launch of Any Product Ever,'" Marketwatch, April 7, 2016, https://www.marketwatch.com/story/tesla-picks-up-325000-reservations-for-model-3-2016-04-07.
7. Joey Capprrella, "The Best Selling Luxury SUV of 2018," *Car and Driver*, Janu-ary 4, 2019, https://www.caranddriver.com/news/g25741172/best-selling-luxury-cars-suv-2018/.

第一部分　无限媒体如何变革商业

第 1 章　场景营销革命的三大关键点

1. Gordon Donnelly, "Google Ads Mobile Benchmarks for Your Industry," Word-Stream Blog, August 27, 2019, https://www.wordstream.com/blog/ws/2018/08/13/google-ads-mobile-benchmarks.
2. Larry Kim, "Google Kills Off Side Ads, What You Need to Know," Word-Stream Blog, July 19, 2018, https://www.wordstream.com/blog/ws/2016/02/22/google-kills-off-right-side-ads.
3. Salesforce, *State of Marketing*, 2016, 58, https://www.salesforce.com/blog/2016/03/state-of-marketing-2016.html. 这份报告来自对全球 3 975 个营销领导者的调研，其中高效能组织被认为是对其营销投资结果最满意的。在确定了高效能组织后，我们将它们如何评价自己公司的整体表现与直接竞争对手的表现进行了比较。71% 的高效能组织认为，它们的整体业务表现比直接竞争对手要好得多。在对自己的营销表现不满意的受访者中，只有 1% 的组织持同样的看法。
4. Zack Bloom, "History of Email," Cloudflare Blog, September 23, 2017, https://blog.cloudflare.com/the-history-of-email/.
5. "Internet of Things Forecast," Ericsson, accessed October 30, 2019, https://www.ericsson.com/en/mobility-report/internet-of-things-forecast.
6. "World Energy Outlook 2017," International Energy Agency, accessed October 30, 2019, https://www.iea.org/sdg/.

7. Jenalea Howell, "Number of Connected IoT Devices Will Surge to 125 Billion by 2030, IHS Markit Says," IHS Markit, October 24, 2017, https://technology.ihs.com/596542/number-of-connected-iot-devices-will-surge-to-125-billion-by-2030-ihs-markit-says.
8. Jessica Wohl, "CKE Launches New Carl's Jr. Ads from New Agency Havas," *Ad Age*, February 19, 2018, http://adage.com/article/cmo-strategy/cke-launches-carl-s-jr-ads-agency-havas/312419/.
9. Craig Chamberlain, "Research Suggests Sexual Appeals in Ads Don't Sell Brands, Products," University of Illinois, June 22, 2017, https://news.illinois.edu/view/6367/522402.
10. Mark Irvine, "Google Ads Benchmarks for Your Industry," WordStream Blog, August 27, 2019, https://www.wordstream.com/blog/ws/2016/02/29/google-adwords-industry-benchmarks.
11. Elisa Shearer, "Social Media Outpaces Print Newspapers in the U.S. as a News Source," Pew Research Center, Fact Tank, December 10, 2018, https://www.pewresearch.org/fact-tank/2018/12/10/social-media-outpaces-print-newspapers-in-the-u-s-as-a-news-source/.
12. Josh Constine, "Zuckerberg Implies Facebook Is a Media Company, Just 'Not a Traditional Media Company,'" Techcrunch, December 21, 2016, https://techcrunch.com/2016/12/21/fbonc/.
13. Joseph Pine II and James H. Gilmore, *The Experience Economy: Work Is Theatre and Every Business a Stage* (Boston: Harvard Business School Press, 1999).
14. Aaron Pressman, "Why TaskRabbit's Gig Economy Model Is Thriving under Ikea's Ownership," *Fortune*, July 17, 2018, http://fortune.com/2018/07/17/taskrabbit-ikea-brown-philpot-undercover/.
15. Joseph Pine II and James H. Gilmore, "Welcome to the Experience Economy," *Harvard Business Review*, July-August 1998, https://hbr.org/1998/07/welcome-to-the-experience-economy.
16. Joseph Pine II and James H. Gilmore, *The Experience Economy*, updated ed.

(Boston: Harvard Business Review Press, 2011).

17. Watermark Consulting, *2016 Customer Experience Study*, Insurance Industry ed., July 5, 2016, https://www.watermarkconsult.net/blog/2016/07/05/the-2016-customer-experience-roi-study-insurance-industry-edition/.

第 2 章 新消费者，新消费者旅程

1. Mark Prensky, "Digital Natives, Digital Immigrants," *On the Horizon* 9, no. 5 (October 2001), https://www.marcprensky.com/writing/Prensky%20-%20Digital%20Natives,%20Digital%20Immigrants%20-%20Part1.pdf.
2. Marshall McLuhan, *Understanding Media: The Extensions of Man* (Cambridge, MA: MIT Press, 1964).
3. Marshall McLuhan, *Understanding Me: Lectures and Interviews*, rev. ed. (Cambridge, MA: MIT Press, 2005).
4. Salesforce, *State of the Connected Customer*, 2019, https://www.salesforce.com/blog/2018/06/digital-customers-research.html.
5. Gary W. Small, Teena D. Moody, Prabba Siddarth, and Susan Y. Bookheimer, "Your Brain on Google: Patterns of Cerebral Activation during Internet Searching," *Psychology Today*, February 2009, https://www.psychologytoday.com/files/attachments/5230/136.pdf.
6. David S. White and Alison Le Cornu, "Visitors and Residents, New Typology for Online Engagement," *First Monday* 16, no. 9 (September 2011), http://firstmonday.org/ojs/index.php/fm/article/view/3171/3049.
7. Salesforce, *State of the Connected Customer*, 2017, https://www.salesforce.com/blog/2017/01/data-the-connected-customers-wants.html.
8. "AI Will Power 95% of Customer Interactions by 2025," *Finance Digest*, March 10, 2017, https://www.financedigest.com/ai-will-power-95-of-customer-interactions-by-2025.html.
9. Devon McGinnis, "Need-to-Know Marketing Statistics for 2019," Salesforce

Blog, January 23, 2019, https://www.salesforce.com/blog/2019/01/marketing-statistics-to-know.html.

10. Julian Murphet, "Voice, Image, Television: Beckett's Divided Screens," SCAN, Macquarie University, Sydney, http://scan.net.au/scan/journal/display.php?journal_id=111.

11. "80% of Businesses Want Chatbots by 2020," Business Insider Intelligence, December 14, 2016, https://www.businessinsider.com/80-of-businesses-want-chatbots-by-2020-2016-12.

12. Kevin Mise, "Big AR: Android vs iOS," Hackernoon, July 31, 2018, https://hackernoon.com/big-ar-android-vs-ios-3a683579eec8.

13. Salesforce, *State of the Connected Customer*, 2017.

14. Scott Huffman, "Here's How the Google Assistant Became More Helpful in 2018," Google Assistant Blog, January 7, 2019, https://www.blog.google/products/assistant/heres-how-google-assistant-became-more-helpful-2018/.

15. Kate Clark, "Here's Mary Meeker's 2019 Internet Trends Report," TechCrunch, June 11, 2019, https://techcrunch.com/2019/06/11/internet-trends-report-2019/.

16. "Ten Years on the Consumer Decision Journey: Where Are We Today?" McKinsey Blog, November 17, 2017, https://www.mckinsey.com/about-us/new-at-mckinsey-blog/ten-years-on-the-consumer-decision-journey-where-are-we-today.

17. Matt Lawson, "Win Every Micro-Moment with a Better Mobile Strategy," *Think With Google* Blog, September 2015, https://www.thinkwithgoogle.com/marketing-resources/micro-moments/win-every-micromoment-with-better-mobile-strategy/.

18. Zach Bulygo, "What the Highest Converting Websites Do Differently," Kiss Metrics Blog, accessed October 30, 2019, https://blog.kissmetrics.com/what-converting-websites-do/.

19. Emma Dunbar, "How Pinterest Drives Purchases Online and Off," Pinterest Blog, March 3, 2016, https://business.pinterest.com/en/blog/how-pinterest-

drives-purchases-online-and-off.

20. David C. Edelman, "Branding in the Digital Age: You're Spending Your Money in All the Wrong Places," *Harvard Business Review*, December 2010, https:// hbr.org/2010/12/branding-in-the-digital-age-youre-spending-your-money-in-all-the-wrong-places.

第二部分　场景如何在营销中起作用

第3章　场景架构图：冲破噪声

第4章　可得即用：帮助人们实现当下追求的价值

1. "*Ad Age* Advertising Century: Top Ten Icons," *Ad Age*, March 29, 1999, https:// adage.com/article/special-report-the-advertising-century/ad-age-advertising-century-top-10-icons/140157/.
2. Caitlin Dickson, "You Are More Likely to Survive an Airplane Crash Than You Are to Click a Banner Ad," *The Atlantic*, June 29, 2011, https://www.theatlantic.com/business/archive/2011/06/you-are-more-likely-survive-plane-crash-click-banner-ad/352323/.
3. "How Messaging Moves Business," Facebook IQ, 2019, https://www.facebook.com/iq/articles/more-than-a-message-messaging-means-business.
4. Elissa Hudson and Justin Lee, "Is Facebook Messenger the New Email? 3 Experiments to Find Out," HubSpot Blog, accessed October 30, 2019, https:// blog.hubspot.com/marketing/facebook-messenger-marketing-experiments.
5. Mike Lewis, "Marketing Automation by the Numbers (infographic)," Business2Community, November 27, 2012, https://www.business2community.com/infographics/marketing-automation-by-the-numbers-infographic-0342287.
6. Salesforce, *State of Marketing*, 2018, https://www.salesforce.com/form/conf/5th-state-of-marketing/?leadcreated=true&redirect=true&chapter=&Driv

erCampaignId=70130000000sUVq&player=&FormCampaignId=7010M000000ZP24QAG&videoId=&playlistId=&mcloudHandlingInstructions=&landing_page=.

7. Stephen Pulvirent, "How Daniel Wellington Made a $200 Million Business out of Cheap Watches," Bloomberg, July 14, 2015, https://www.bloomberg.com/news/articles/2015-07-14/how-daniel-wellington-made-a-200-million-business-out-of-cheap-watches.

8. "Multiple Communities—and One Agency to Market Them All," Smartbug Media, accessed October 30, 2019, https://www.smartbugmedia.com/case-studies/arbor-company-success-with-gdd-cro-paid-inbound.

9. Maksym Gabielkov, Arthi Ramachandran, Augustin Chaintreau, and Arnaud Legout, "Social Clicks: What and Who Gets Read on Twitter?," Columbia University, April 13, 2016, https://hal.inria.fr/hal-01281190.

第 5 章 客户许可：配合个人，满足他们的要求

1. Jeriad Zoghby, Scott Tieman, and Javier Pérez Moiño, *Making It Personal: Why Brands Must Move from Communication to Conversation for Greater Personalization,* Accenture Pulse Check, 2018, https://www.accenture.com/_acnmedia/pdf-77/accenture-pulse-survey.pdf.

2. Kara Sassone, "HubSpot Breaks World Record for Largest Webinar," HubSpot, updated July 4, 2013, https://www.hubspot.com/blog/bid/23564/HubSpot-Breaks-World-Record-For-Largest-Webinar.

3. Lindsey Finch, "Managing the Customer Trust Crisis: New Research Insights," Salesforce, September 6, 2018, https://www.salesforce.com/blog/2018/09/trends-customer-trust-research-transparency.html.

第 6 章 个性化：从体验的个性化到个性化地提供体验

1. "Beetle Overtakes Model T as World's Best-Selling Car," History, updated

July 28, 2019, https://www.history.com/this-day-in-history/beetle-overtakes-model-t-as-worlds-best-selling-car.

2. Adam Blair, "Backcountry's Gearheads Leverage Expertise and Enthusiasm to Build Customer Relationships," *Retail TouchPoints*, November 15, 2015, https://www.retailtouchpoints.com/features/retail-success-stories/backcountry-s-gearheads-leverage-expertise-and-enthusiasm-to-build-customer-relationships.

3. Alen Bubich, "Is an Employee Advocacy Program More Powerful Than a Fan Page?," Social Horsepower, June 6, 2015, https://www.socialhp.com/blog/is-an-employee-advocacy-program-more-powerful-than-a-fan-page/.

4. Sander Biehn, "B2B Social Media Case Study: How I Made $47 Million from My B2B Blog," Business Grow Blog, accessed October 30, 2019, https://businessesgrow.com/2013/09/18/case-study-how-i-made-47-million-from-my-b2b-blog/.

第 7 章　真诚同理：同时结合品牌声音、同理心和渠道一致性

1. Elahe Izadi, "'Clearly We Missed the Mark': Pepsi Pulls Kendall Jenner Ad and Apologizes," *Washington Post*, April 5, 2017, https://www.washingtonpost.com/news/arts-and-entertainment/wp/2017/04/05/clearly-we-missed-the-mark-pepsi-pulls-kendall-jenner-ad-and-apologizes/.

2. Marisa Garcia, "Why Southwest Air Skips the Safety Videos in Favor of Free-Styling Flight Attendants," *Skift*, June 17, 2017, https://skift.com/2014/06/17/why-southwest-air-skips-the-safety-videos-in-favor-of-free-styling-flight-attendants/.

第 8 章　价值观明确：在产品之外与品牌建立更深的联系

1. Salesforce, *State of Marketing*, 2017, https://www.salesforce.com/content/dam/web/en_us/www/assets/pdf/datasheets/salesforce-research-fourth-annual-state-

of-marketing.pdf.
2. Howard R. Bowen, *Social Responsibilities of the Businessman* (New York: Harper, 1953), 44.
3. R. W. Robins, K. H. Trzesniewski, J. L. Tracy, S. D. Gosling, and J. Potter, "Global Self-Esteem across the Life Span," *Psychology and Aging* 17, no. 3 (2002): 423−434, http://dx.doi.org/10.1037/0882-7974.17.3.423.
4. "Going #purplefortheplanet with Sambazon," Shorty Awards, 2018, https://shortyawards.com/3rd-socialgood/going-purplefortheplanet-with-sambazon.
5. Gaurav Kheterpal, CTO, MTX Group, Salesforce Trailhead, accessed October 30, 2019, https://trailhead.salesforce.com/trailblazers/gaurav-kheterpal.

第三部分　在无限媒体时代，品牌应如何做营销

第9章　从广告营销到消费者旅程

1. 行为、思考和感受的分类起源于帕特里克·夸特勒鲍姆（Patrick Quattlebaum）发布的自适应路径体验映射练习，"Download Our Guide to ExperienceMapping," Adaptive Path, February 7, 2017, https://medium.com/capitalonedesign/download-our-guide-to-experience-mapping-624ae7dffb54. Adaptive Path was acquired by Capital One in 2015。

第10章　消费者旅程中的触发因子

1. Sapna Maheshwari, "Are You Ready for the Nanoinfluencers?," *New York Times*, November 11, 2018, https://nyti.ms/2DfqYyT.
2. Anum Hussain, "How to Launch and Grow a Business Blog from Scratch," HubSpot Blog, February 1, 2017, https://blog.hubspot.com/marketing/launch-grow-business-blog.
3. Eric Siu interviewing Mark Roberge, "GE 152: How HubSpot Skyrocketed from$0 to $200M by Combining Inbound Marketing + World Class Sales

Training," in *Growth Everywhere*, podcast, accessed October 30, 2019, https://growtheverywhere.com/growth-everywhere-interview/mark-roberge-hubspot/.

4. Rebecca Corliss, "Why HubSpot Won't Exhibit at Trade Shows and Events Anymore," HubSpot Blog, February 1, 2017, https://blog.hubspot.com/blog/tabid/6307/bid/5461/Why-HubSpot-Won-t-Exhibit-at-Trade-Shows-and-Events-Anymore.aspx.

5. Salesforce, *State of Marketing*, 2016, https://www.salesforce.com/blog/2016/03/state-of-marketing-2016.html.

6. Chris Anderson and Saram Han, *Hotel Performance Impact of Socially Engaging with Consumers*, Center for Hospitality Research, Cornell University, May 2016, https:// sha.cornell.edu/faculty-research/centers-institutes/chr/research-publications/hotel-performance-impact-socially-engaging-with-consumers.html.

7. Heike Young, *Shopper-First Retailing*, Salesforce, 2018, https://www.salesforce. com/blog/2018/08/digital-shopper-first-retail-report-research.

8. Frederick F. Reichheld and Phil Schefter, "E-Loyalty: Your Secret Weapon on the Web," *Harvard Business Review*, July-August 2000, https://hbr.org/2000/07/e-loyalty-your-secret-weapon-on-the-web.

9. Salesforce, *State of Marketing*, 2016.

第 11 章 用自动化手段引导消费者旅程

1. Salesforce, *State of Marketing*, 2018, https://www.salesforce.com/form/conf/5th-state-of-marketing/?leadcreated=true&redirect=true&chapter=&DriverCampaignId=70130000000sUVq&player=&FormCampaignId=7010M000000ZP24QAG&videoId=&playlistId=&mcloudHandlingInstructions=&landing_page=.

2. Salesforce, *State of Marketing*, 2017, https://www.salesforce.com/content/dam/web/en_us/www/assets/pdf/datasheets/salesforce-research-fourth-annual-state-of-marketing.pdf.

3. "Craveable Brands Drives Loyalty and $9 Million in Incremental Sales," case study, Salesforce, accessed November 5, 2019, https://www.salesforce.com/au/customer-success-stories/craveable/.

4. Heather Miller, "The Must-Knows of Reorganizing Sales and Marketing from Scratch with Associa's Matt Kraft," Salesforce for Sales, Medium, January 31, 2018, https://medium.com/salesforce-for-sales/the-must-knows-of-reorganizing-sales-and-marketing-from-scratch-with-associas-matt-kraft-eb585fdb03a9.

5. "Segment: How Drift Became Segment's #1 Source of Qualified Leads," case study, Drift, accessed November 5, 2019, https://www.drift.com/case-studies/segment/.

6. "LEGO: Increasing Sales Conversions with a Bot for Messenger," case study, Facebook Business, accessed November 5, 2019, https://www.facebook.com/business/success/2-lego.

7. LEGO Chatbot case study, Edelman Digital, accessed November 5, 2019, https://edelmandigital.com/case-study/lego-chatbot/.

8. Morgan Brown, "Airbnb: The Growth Story You Didn't Know," Growth-Hackers, Growth Studies, accessed November 5, 2019, https://growthhackers.com/growth-studies/airbnb.

第12章 更快，更好：在消费者旅程中构建敏捷式开发流程

1. Sean Ellis, "Video: Agile Marketing Meetup—Satya Patel on Using the Scientific Method," GrowthHackers, 2015, https://growthhackers.com/videos/agile-marketing-meetup-satya-patel-on-using-the-scientific-method?comments=true.

2. Anthony Mersino, "Agile Project Success Rates 2X Higher Than Traditional Projects (2019)," Vitality Chicago, April 1, 2018, https://vitalitychicago.com/blog/agile-projects-are-more-successful-traditional-projects/.

3. Salesforce, *State of Marketing*, 2016, https://www.salesforce.com/blog/2016/

03/state-of-marketing-2016.html.
4. Andrea Fryrear, "Agile Marketing Examples & Case Studies," Agile Sherpas, accessed October 30, 2019, https://www.agilesherpas.com/agile-marketing-examples-case-studies/#Santander.
5. "SAFe Case Study: Capital One," Scaled Agile, Inc., accessed October 30, 2019, https://www.scaledagileframework.com/capital-one-case-study/.

第13章 场景营销革命的新商业模式

1. Christophe Folschette, "Tesla's Marketing Strategy Shows That It's Time for CEOs to Get Social," TalkWalker Blog, July 25, 2019, https://www.talkwalker.com/blog/tesla-marketing-strategy-social-ceo.
2. John M. Vincent, "8 Best Electric Vehicles in 2018," *U.S. News & World Report*, July 30, 2018, https://cars.usnews.com/cars-trucks/best-electric-cars.
3. Paula Tompkins, "The Secrets behind Tesla's Awesome Customer Experience," Cross Channel Connection, March 21, 2016, https://crosschannelconnection.com/2016/03/21/secrets-behind-teslas-awesome-customer-experience/.
4. David Murphy, "Winner of Tesla Referral Promotion Hits 188 Orders," *PC Magazine*, January 2, 2016, https://www.pcmag.com/news/340797/winner-of-tesla-referral-promotion-hits-188-orders.
5. Steve Hanley, "Tesla Spends Just $6 per Car in Advertising," Teslarati, July 9, 2016, https://www.teslarati.com/tesla-spends-just-6-per-car-advertising/.
6. Abbey Klaassen, "Eduardo Conrado Talks about Motorola's Move to Marry Marketing—IT," *Ad Age*, May 8, 2013, https://adage.com/article/cmo-strategy/eduardo-conrado-talks-motorola-s-move-marry-marketing/241354.
7. Salesforce, *State of Marketing*, 2016, https://www.salesforce.com/blog/2016/03/state-of-marketing-2016.html.
8. Vanessa Mitchell, "CXO Profile: Customer Experience as the Key to Brand Survival," CMO.com, March 9, 2018, https://www.cmo.com.au/article/634405/cxo-profile-customer-experience-key-brand-survival/.

第14章 第一步和最后一步

1. J. K. Trotter, "181,354 People on Twitter Think They're Experts at Twitter," *The Atlantic*, January 7, 2013, https://www.theatlantic.com/technology/archive/2013/01/181354-people-twitter-think-theyre-experts-twitter/319793/.
2. Salesforce, *State of Marketing*, 2016, https://www.salesforce.com/blog/2016/03/state-of-marketing-2016.html.